JN012851

TAC建築設備シリーズ

第2版

いちばんよくわかる
電気・通信設備

TAC建築設備研究会

TAC出版
TAC PUBLISHING Group

はじめに

　マンション・オフィスビル・商業施設・工場など、建築物の快適性や機能性の向上にともなって、建築設備の役割が重要性を増しています。本書のテーマである「電気設備」は、空調設備や給排水設備などの設備を機能させるためにも欠かせない建築設備の根幹となるものです。近年では、IT・通信技術の発達もあり、電気設備の重要性は、ますます高まるばかりです。

　そして、電気設備自体も、省エネや新エネルギーの導入、新しい技術開発により進化しています。しかし、電気は目に見えないこともあってイメージがしにくいため、理解しにくい面があります。また、工事においても、感電や出火などの危険を抱えています。機能を維持し、使用中の事故を防ぐためには、適切な点検とメンテナンスも欠かせません。

　本書では、このような電気設備の基本をわかりやすくまとめてみました。電気設備については、すでに多くの良書がありますが、本書は難しい言葉や数式を使わずに、図解で説明していることが特徴です。

　電気設備の計画にあたっては、健康と安全をはじめとして、快適性、省エネなどとともに、信頼性、経済性、外部環境への配慮など、各種の面から検討して、適切なシステムを設計することが大切です。

　本書が、電気設備に関わる皆様のお役にたてば、幸いです。

令和6年2月

阿　部　　守

目　次

Part 3　電気設備···············59

Part 4　照明設備···············89

Part 7　電気設備の安全とメンテナンス ………… 145

電気設備の種類と法律

電気設備の安全性、信頼性を確保するために、さまざまな法律が定められています。

電気にまつわる言葉

電流

電流とは、電線の中を流れる電気の量をいい、その単位としてアンペア（A）が用いられます。電流は電気の流れる勢いであり、水でいえば水流にあたります。

電流には直流と交流の2種類があります。乾電池や蓄電池の電流が直流で、常に＋極から－極へと電流が流れています。交流は、電流の方向が一定の周期で交替しています。つまり、＋極と－極が時間とともに入れ替わります。

直流とは電圧、電流の方向が不変で、その大きさが一定なものをいい、交流とは電圧と電流の方向とその大きさが、一定の周期をもって正弦曲線（サインカーブ）をなして変化するもので、ちょうど時計の振子が左右に行ったり来たりするのに似ています。一般に直流をDC、交流をACで表します。

電圧

電圧とは、電流を流すための圧力で、その単位としてボルト（V）が用いられます。水に例えると水圧になります。水圧が高ければ水は勢いよく流れるのと同様に、電圧が高ければ電流が多く流れます。

電圧は、電気設備技術基準によって低圧・高圧・特別高圧に区分されています。

単相交流と三相交流

住宅やビル、工場などに電気を引き込む方法（電気方式）には、いくつかの種類があります。単相交流の電気方式に単相3線式があり、これは電圧線2本と中性線1本の合計3本で構成され、100V（電灯用）2回路と200V（電動機用）1回路へ電力を供給します。

三相交流とは、電流または電圧の位相を互いにずらした3系統の単相交流を組み合わせた交流です。120度ずつ位相がずれています。三相交流を使うと簡単に大きな出力のモーターを回すことができます。電力会社などでは、三相交流電源をおもに交流電動機の駆動に用いることから、動力と呼び、単相交流電源を電灯と呼びます。

電力

電力とは、電流によって単位時間になされる仕事の量、つまり仕事率で、その単位としてワット（W）が用いられます。電力の大きさは、電流と電圧の積で表されます。

単相の場合：電力＝電流×電圧
三相の場合：電力＝$\sqrt{3}$×電流×電圧

抵抗

抵抗とは、電気の流れにくさを表したものです。抵抗の単位としてはオーム（Ω）が用いられます。電路に抵抗があるほど電流が流れにくくなります。

電圧の種類

	低圧	高圧	特別高圧
直流	750V以下	750Vを超え7,000V以下	7,000Vを超えるもの
交流	600V以下	600Vを超え7,000V以下	

電気方式とその用途

電気方式[V]	対地電圧[V]	用途
100V単相2線式	100V	白熱灯、40W未満の蛍光灯、家庭用電気器具
200V単相2線式	100V	40W以上の蛍光灯、クーラーなどの大型電気器具
100V／200V単相3線式	100V	ビル・工場の電灯、200V用電気器具
200V三相3線式	200V	37kW以下の電動機
240V／415V三相4線式	240V	ビル・工場の幹線、大型負荷設備

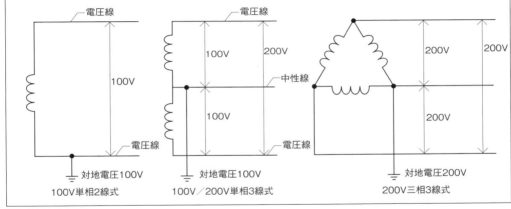

単相交流と三相交流の違い

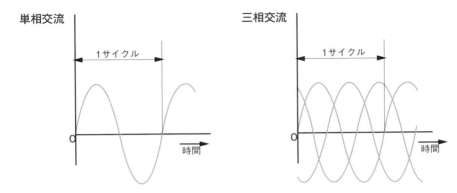

用語 解説	**「位相」**：電圧または電流の波の位置を表す言葉で、位相差とは二つの波のずれをいいます。三相交流とは、一つの電気回路に三つの正弦波電流が1/3サイクル（120度）ずつ位相のずれを保って流れているものです。

Part1 電気設備の種類と法律

Part2 電気工事と配線

Part3 電気設備

Part4 照明設備

Part5 電気通信設備

Part6 エレベーターとエスカレーター

Part7 電気設備の安全とメンテナンス

電気の供給

発電と供給

事務所でパソコンのスイッチを入れると、すぐに海外の情報を入手することができます。自宅ではセットした時間にご飯が炊けたりお風呂がわいたりします。このような便利な生活をおくることができるのは、電気設備が整備されているからです。

私達が使用している電気は、おもに電力会社の配電網によって供給されています。電力会社の発電所で発電された電気は、送電線、変電所、配電線などを経由して工場や商業施設、住宅などに供給されます。

発電所の種類には、火力発電、水力発電、原子力発電などがあります。発電所からは、154〜500kVの高圧で一次変電所に送電され、一次変電所で66kVまたは77kVに降圧された電気が二次変電所に送電されます。二次変電所で22kVまたは33kVに降圧された電気が配電用変電所に送電され、さらに6.6kVに降圧されて、ビルや電柱などにある変圧器（P.66）に送電されます。

一般のビルでは、6.6kVの電力を引き込み、受変電設備（P.62）で200V／100Vの低電圧に変換してビル内に配電します。一般住宅へは、電柱の変圧器で200V／100Vに降圧して供給します。

工場や高層ビルなどは、一次変電所や二次変電所から22〜77kVの特別高圧の電力を直接引き込んで、内部の変電所で降圧し、工場やビル内の電気室に配電しています。低圧に降圧した電気は、一般電灯やコンセント、電動機（P.84）、幹線などの用途に使われます。

周波数

交流の電気は、流れる方向が1秒間に何十回も変化しています。この流れの変わる回数を周波数（Hz：ヘルツ）といいます。日本は静岡県の富士川と新潟県の糸魚川あたりを境にして、東側が50Hz、西側が60Hzの電気に分かれています。明治時代に電気をつくる発電機が輸入されましたが、当時、関東にはドイツから50Hzの発電機が、関西にはアメリカから60Hzの発電機が輸入されました。そのため、現在も当時の流れをくむ形で二つの周波数が存在しています。家庭用電気製品などでは、両方の周波数で使用可能となっているため、周波数が違うことによる不便は感じません。

しかし、2011年に起こった東日本大震災による大規模な電力不足では、この周波数の違いにより首都圏へ充分な電力が融通できず、大きな問題になりました。

50Hzと60Hzの周波数変換を行う周波数変換所は、電源開発の佐久間周波数変換所、東京電力の新信濃変電所、中部電力の東清水変電所の3箇所があり、融通できる最大電力は100万kWとなっています。

電気供給の流れ

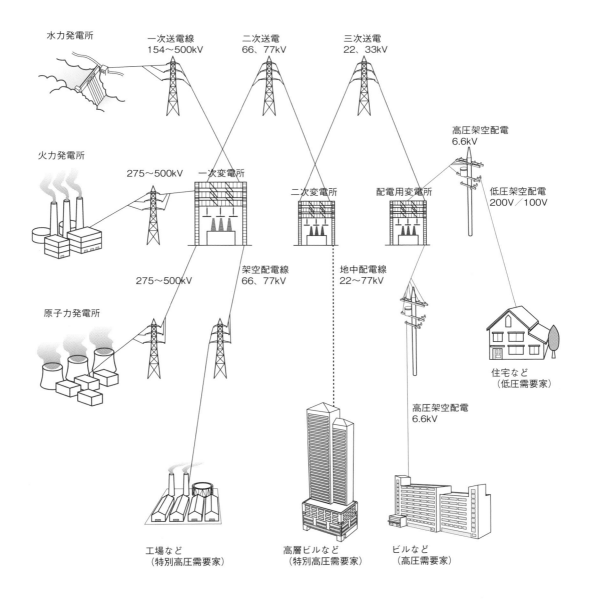

水力発電所

一次送電線
154〜500kV

二次送電
66、77kV

三次送電
22、33kV

高圧架空配電
6.6kV

火力発電所

275〜500kV

一次変電所

二次変電所

配電用変電所

低圧架空配電
200V／100V

275〜500kV

架空配電線
66、77kV

地中配電線
22〜77kV

原子力発電所

高圧架空配電
6.6kV

住宅など
（低圧需要家）

工場など
（特別高圧需要家）

高層ビルなど
（特別高圧需要家）

ビルなど
（高圧需要家）

Part1 電気設備の種類と法律

Part2 電気工事と配線

Part3 電気設備

Part4 照明設備

Part5 電気通信設備

Part6 エレベーターとエスカレーター

Part7 電気設備の安全とメンテナンス

**用語
解説**　**「送電と配電」**：発電所−変電所間、変電所−変電所間の電力の供給を送電、変電所−需要家
間を配電と呼びます。

電気設備の種類と役割

電気設備の分類

電気設備は、動力設備（P.84）、自家発電設備（P.72）、照明設備（Part4）、受変電設備、電気通信設備（Part5）、中央監視設備（P.166）、防災設備、輸送設備などに分類されます。

(1) 動力設備

動力設備は、おもにエレベーターやエスカレーター（Part6）、空調設備、給排水設備の動力として用いられます。動力制御盤から電動機までの配線は、三相3線式回路で工事が行われます。蓄電池や新エネルギー設備などもあります。

(2) 自家発電設備

自家発電設備は、防災用電源や保安用電源として用いられます。非常時にだけ運転する非常用発電設備と、常用電源と併用して用いる常用発電設備があります。発電機・原動機・制御装置などから構成されています。

(3) 照明設備

照明器具やコンセントと分電盤（P.36）の配線は、単相2線式や単相3線式回路で工事が行われます。

(4) 受変電設備

電力会社から供給された高圧の電圧を、使用に適した電圧に降圧して配電する設備です。受電点から変圧器までが受電設備、変圧器から配電盤までが変電設備となります。引き込み工事、受変電機器、配電盤とその配線がおもな工事範囲となります。

(5) 電気通信設備

電話設備、放送設備、インターホン設備、情報表示設備などです。テレビ共同受信設備やOA機器のLAN、監視カメラなどのセキュリティ設備も含まれます。通信が高度に情報化されており、配線には光ファイバーなども用いられます。

(6) 中央監視設備

監視制御装置、表示装置などからなり、各所をネットワークでつなぎ一元管理を行います。

(7) 防災設備

自動火災報知設備、非常警報設備、消火設備、避難誘導設備、防排煙設備などがあります。

(8) 輸送設備

乗用・貨物用エレベーター、エスカレーター、ダムウェータ、書類搬送装置などがあります。

(9) 構内電線路

建物外構内の架空電線路や地中電線路、屋上電線路です。

(10) その他の設備

その他に、空調設備や給排水設備があります。本書では対象外としています。

技術の進歩につれて、電気設備は多様化しています。

Part1 電気設備の種類と法律
Part2 電気工事と配線
Part3 電気設備
Part4 照明設備
Part5 電気通信設備
Part6 エレベーターとエスカレーター
Part7 電気設備の安全とメンテナンス

電気設備の分類

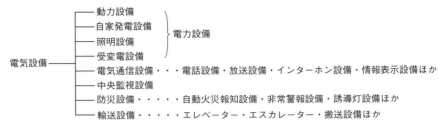

電気設備 ─┬─ 動力設備 ─┐
　　　　　 ├─ 自家発電設備 ├─ 電力設備
　　　　　 ├─ 照明設備 ─┤
　　　　　 ├─ 受変電設備 ─┘
　　　　　 ├─ 電気通信設備・・・電話設備・放送設備・インターホン設備・情報表示設備ほか
　　　　　 ├─ 中央監視設備
　　　　　 ├─ 防災設備・・・・・自動火災報知設備・非常警報設備・誘導灯設備ほか
　　　　　 └─ 輸送設備・・・・・エレベーター・エスカレーター・搬送設備ほか

ビルの電気設備

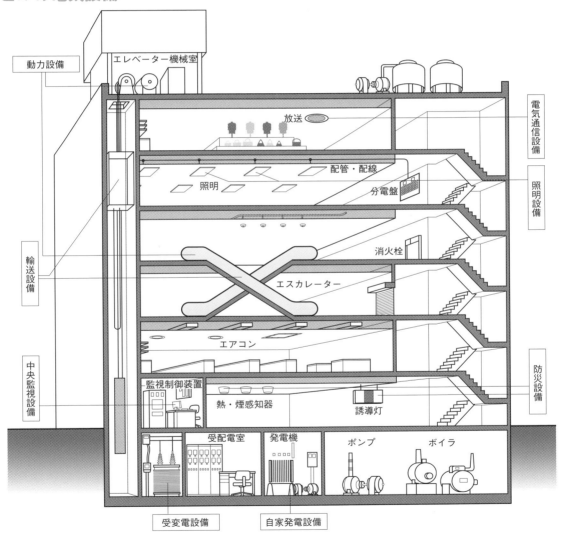

動力設備
エレベーター機械室
電気通信設備
放送
配管・配線
照明
分電盤
照明設備
輸送設備
消火栓
エスカレーター
エアコン
中央監視設備
防災設備
監視制御装置
熱・煙感知器
誘導灯
受配電室
発電機
ポンプ
ボイラ
受変電設備
自家発電設備

用語解説　「**対地電圧**」：電線と大地の間の電圧の差を対地電圧といい、電線間の電圧の差を線間電圧といいます。対地電圧Aが200Vで対地電圧Bが300Vの場合、線間電圧は300－200＝100Vとなります。

電気の資格と法律

電気設備設計の資格

電気設備設計を行うための資格は、基本的にはありません。建築物の非常用照明装置、予備電源設備、避雷設備（P.142）など、防災設備の計画を行う場合には資格が必要となりますが、これは例外的なものです。受変電設備の設計や照明器具、通信設備の配置などの業務は、無資格でも可能です。電気設備工事の実務を行わないのであれば、電気工事士や電気主任技術者の資格も不要です。ただし、自動火災報知設備や非常放送設備（P.120）については、消防設備士の資格が必要となります。

電気設備に関する知識を高め、品質の高い電気設備設計を行うためには、継続的な努力が求められます。そのために、電気の資格を取得するのは望ましいことです。

建築設備士と設備設計一級建築士

建築設備士は、建築士に対して建築設備の設計・工事監理に関する助言を行うことができる資格者です。建築士が建築設備士に意見を聞いた場合、建築確認申請書や工事完了届に、その旨を明らかにしなければなりません。

東京都および大阪府においては、工事完了時までに提出する「建築設備工事監理報告書」にも「建築設備士」の記入欄が設けられています。

平成18年に公布された新建築士法により、設備設計一級建築士の資格が創設されました。建物の階数が3以上、かつ、床面積5,000㎡超の場合は、設備設計一級建築士が自ら設計を行うか、もしくは設備設計一級建築士に設備関係規定への適合性の確認をうけることが義務づけられました。

電気設備工事の資格

電気工事士は、電気工事の作業に従事する者の資格です。電気工事士法で工事における義務が定められ、電気工事による災害を防止します。

第二種電気工事士は、変電設備をもたない小規模な建物の工事に従事することができます。第一種電気工事士は、最大電力500kW未満の変電設備をもつ建物の工事に従事することができます。最大電力が500kW以上の建物の場合は、電気主任技術者が工事の監督を行うことが必要です。

電気設備管理の資格

電気設備を管理するために必要な資格は、電気主任技術者です。第一種電気主任技術者は、建物の電気設備だけでなく、発電所や変電所についても管理することができます。第二種、第三種については管理できる電気工作物の規模が定められています。

電気工事士の資格

	一般用電気工作物	自家用電気工作物	
	低圧で受電する建物の電気設備 （戸建住宅、小規模店舗など）	高圧で受電する建物の電気設備（変電設備のあるビルや工場など）	
		最大電圧500kW未満	最大電圧500kW以上
第一種電気工事士	○	○	電気工事士法対象外 （電気主任技術者の 監督が必要）
第二種電気工事士	○	×	
認定電気工事従事者	×	× （電路を除く低圧部分などの 簡易電気工事のみ○）	

電気主任技術者の資格

	5万V未満の事業用電気工作物 （5,000kW以上の発電所を除く）	17万V未満の事業用電気工作物	すべての事業用電気工作物
第一種電気主任技術者	○	○	○
第二種電気主任技術者	○	○	×
第三種電気主任技術者	○	×	×

電気工作物の種類と内容

電気工作物の種類		内　容	例
事業用電気工作物	電気事業用電気工作物	電気事業用の電気工作物	発電所、変電所、送電線路、配電線路など
	自家用電気工作物	電気事業者から高圧または特別高圧で受電するもの、または発電設備で600V以上のもの	ビルや工場の受電室、変電室、非常用予備電源装置など
		爆発性や引火性のものが存在する場所に設置するもの	火薬類の事務所、炭鉱など
一般用電気工作物		電気事業者から低圧で受電している電気工作物	一般住宅、小規模店舗、小工場など
		構内の小出力発電設備で600V以下のもの	太陽光発電、風力発電など

用語解説　「電気工作物」：発電、変電、送電、もしくは配電または電気の使用のために設置する機械、器具、ダム、水路、貯水池、電線路その他の工作物をいいます。一般電気工作物、事業用電気工作物、電気事業用に供する電気工作物、自家用電気工作物があります。

電気設備を取り巻く法律

電気設備に関係する法令では、電気設備の安全性、財産の保護、公共の福祉などの観点から規制する法律があります。

電気事業法

電気事業法は、電気利用者に電気を売る電気事業者を対象にした電気に関する基本の法律です。電気利用者の利益の保護、電気事業の健全な発展、公共の安全と公害の防止を目的としています。

この目的を達成するために、①電気事業に関する規制、②電気工作物の工事・維持・運用についての規制、③主任技術者制度、④保安規定の作成と届出を大きな四つの柱としています。さらに、電気事業法を具体的に運用するために、電気事業法施行令、電気事業法施行規則、電気設備に関する技術基準を定める省令などが定められています。

(1) 電気事業に関する規制

　　事業の許可、供給義務、電圧および周波数の維持などの規制を行います。

(2) 電気工作物の工事・維持・運用についての規制

　　事業用電気工作物に対する電気の円滑な供給、電気工作物による通信障害や公害の防止などを規定しています。

(3) 主任技術者制度

　　事業用電気工作物の工事、維持、保安について、主任技術者が業務を行うことを定めています。

(4) 保安規定の作成と届出

電気工作物の設置者に対して、電気工作物に応じた管理者の職務、組織、保安教育を定めています。また、点検、運転、操作などに関する記録を作成して、提出することを義務づけています。

電気設備技術基準

電気設備に関する技術基準を定める省令(電気設備技術基準)を具体的に示したものとして、①電気設備の技術基準の解釈、②内線規定、③高圧受電設備規定、④保安管理規定などが定められています。

(1) 電気設備の技術基準の解釈

　　省令を満たす具体的な材料の規格、数値、計算式などが示されています。

(2) 内線規定

　　電気設備技術基準の解釈を、より具体的に示した日本電気協会による民間規格です。特に、建物内の電気工作物の設計・施工・維持および運営についての技術上必要な事項を規定しています。

(3) 高圧受電設備規定

　　高圧で受電する自家用電気工作物の設計・施工・維持・検査などについて示したものです。

(4) 保安管理規定

　　自家用電気工作物の保安について規定されています。

Part1 電気設備の種類と法律

Part2 電気工事と配線

Part3 電気設備

Part4 照明設備

Part5 電気通信設備

Part6 エレベーターとエスカレーター

Part7 電気設備の安全とメンテナンス

電気事業法の体系

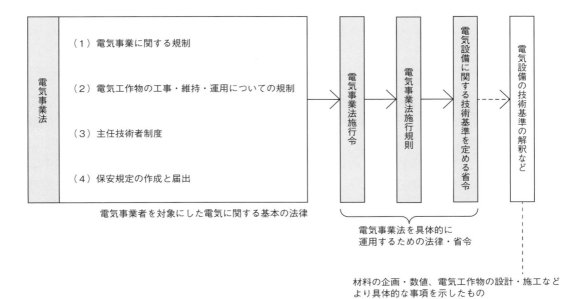

電気事業法

（1）電気事業に関する規制

（2）電気工作物の工事・維持・運用についての規制

（3）主任技術者制度

（4）保安規定の作成と届出

電気事業者を対象にした電気に関する基本の法律

電気事業法施行令 → 電気事業法施行規則 → 電気設備に関する技術基準を定める省令 ⇢ 電気設備の技術基準の解釈など

電気事業法を具体的に
運用するための法律・省令

材料の企画・数値、電気工作物の設計・施工など
より具体的な事項を示したもの

電気設備関係の法規

	電気事業法	電気設備技術基準	電気用品安全法	電気工事士法	大気汚染防止法	省エネルギー法	建築基準法	電気通信事業法	消防法
電力設備 （電源設備）	○	○	○	○	○	○	○		○
電力設備 （負荷設備）	○	○	○	○		○	○		○
情報通信設備								○	
防災設備			○				○		○
管理設備			○				○		

○は、各設備に関する法規

用語 解説	**「建築基準法」**：建築基準法は、建築物の敷地・設備・構造・用途についての最低基準を定めたもので、建築法規の根幹をなす法律です。建築物に電気設備を設置する場合は、建築基準法の設備関係規定に適合していることを確認しなければなりません。

消防法

消防法は、火災を予防し、生命や身体および財産を火災から保護するために、危険物に関する規制を定めた法律です。

電気設備は、火災の早期発見・通報、避難・誘導と深いかかわりがあります。消防法では、防火対象物を指定して消防用設備の設置と維持の基準を定めています。また、危険物の貯蔵、取り扱いの基準についても定めています。

火災の予防

建築基準法の確認申請においては、所轄消防署長の同意がなければ、確認をうけることができません。

消防同意とは、建築物の安全確保のため、建築確認を必要とする建物の確認の前に、消防機関が、建築計画の消防上の問題点や消防設備に問題がないことを確認して、建築に同意する仕組みです。

また、学校や多数の者の出入りがある建物などの管理をする者は、有資格者を防火管理者として定めて消防計画を作成し、防火管理上必要な業務を行わせなければなりません。

防火管理者になるためには、防火管理に関する講習を受講する必要があります。防火管理者の講習には、座学の他、消火設備や避難設備を実際に使用・操作し、体験することも含まれています。

危険物

指定数量以上の危険物は、貯蔵所以外に貯蔵したり、製造所や取扱場所以外で取り扱ったりしてはいけません。また、有資格者に危険物の保安監督を行わせなければなりません。甲種または乙種危険物取扱者で、製造所などにおいて6カ月以上の危険物取扱実務経験を有する者が、危険物保安監督者になることができます。

自家発電設備を設置する場合には、燃料油の保管量によって、規制をうけるかどうかが決まります。近年では災害対策として、大量の燃料を保有する施設が増えています。

消防設備

学校その他の防火対象物の所有者や管理者は、基準にしたがって消防用設備などを設置し、維持しなければなりません。消防用設備とは、消火設備、警報設備、避難設備、消化活動上必要な施設などです。消防設備の工事や整備は、消防設備士でなければ行うことができません。工事、整備、点検のできる消防用設備などは、免許の種類により異なります。

法律は、既存建物に対する遡及（過去にさかのぼって効力をおよぼすこと）がないのが一般的ですが、消防法においては遡及が適用されています。不特定多数の人が利用する建物の自動火災報知設備や非常警報設備、誘導灯（P.108）などが対象となります。

消防設備

消化設備	警報設備	避難設備	消防活動上必要な施設
●消火器、簡易消火用具 （水バケツ、水槽、乾燥砂など） ●屋内消火栓設備 ●屋外消火設備 ●スプリンクラー設備 ●水噴霧消火設備 ●泡消火設備 ●不活性ガス消火設備 ●ハロゲン化物消火設備 ●粉末消火設備 ●動力消防ポンプ設備	●自動火災報知設備 ●漏電火災報知設備 ●消防機関へ通報する 　火災報知設備 ●非常警報器具、非常警報設備 （非常ベル、自動式サイレン、 　放送設備）	●すべり台、避難はしご、 　救助袋、緩降機 ●誘導灯、誘導標識	●排煙設備 ●連結散水設備 ●連結送水管 ●非常用コンセント設備 ●無線通信補助設備

消防設備士の種類

免状の種類		工事整備対象設備など
甲種	特類	特殊消防用設備など
甲種 または 乙種	第1類	屋内消火栓設備、スプリンクラー設備、水噴霧消火設備、屋外消火栓設備
	第2類	泡消火設備
	第3類	不活性ガス消火設備、ハロゲン化物消火設備、粉末消火設備
	第4類	自動火災報知設備、ガス漏れ火災警報設備、消防機関へ通報する火災報知設備
	第5類	金属製避難はしご、救助袋、緩降機
乙種	第6類	消火器
	第7類	漏電火災警報器

（（財）消防試験研究センター資料より）

Part1 電気設備の種類と法律

Part2 電気工事と配線

Part3 電気設備

Part4 照明設備

Part5 電気通信設備

Part6 エレベーターとエスカレーター

Part7 電気設備の安全とメンテナンス

用語解説　「**自然対流熱伝達、強制対流熱伝達**」：自然対流熱伝達は、自然に発生する温度差や圧力差による流体の流れにともなう伝熱。強制対流熱伝達は、送風機またはポンプなどにより強制的に流体に流れを生じさせて行う伝熱。

電気用品安全法

電気用品安全法は、粗悪な電気用品による感電や火災事故を防止するための規制です。

電気用品安全法の目的と対象

電気用品安全法は、電気用品の安全性を確保するために、製造、輸入、販売についての規制をしています。民間事業者の自主的な活動を促進し、電気用品による危険や障害の発生を防止します。

規制の対象は、電気用品と特定電気用品です。電気用品は一般用電気工作物とこれに接続して用いられる器具をいいます。特定電気用品は、特に危険や障害の発生するおそれが多い電気用品です。

電気用品安全法の規制内容

電気用品や特定電気用品の製造、輸入を始めた事業者は、事業者名、型式の区分、製造工場名などを届出なければなりません。また、すべての電気用品に対して、検査の実施と検査記録の作成・保管が義務づけられています。

基準に適合した電気用品には、PSEマークが表示されます。それ以外に製造事業者の名称や定格電圧、定格消費電力などが表示されます。表示のない電気用品は販売できませんし、電気工事に使用することもできません。

労働安全衛生法

職場における労働者の安全と健康を守り、快適な職場環境をつくるための法律です。労働条件の最低基準が示されているので、これ以上の職場環境や労働条件とするよう努めなければなりません。

また、労働者も、労働災害を防止するための必要事項を守り、協力をするように努めなければなりません。

電気用品安全法の表示

特定電気用品	特定電気用品以外の電気用品
PS E（ひし形マーク） 実際は上記マークに加えて、認定・承認検査機関のマーク、製造事業者などの名称（略称、登録商標を含む）、定格電圧、定格消費電力などが表示される	PS E（円形マーク） 実際は上記マークに加えて、製造事業者などの名称（略称、登録商標を含む）、定格電圧、定格消費電力などが表示される
電気温水器 電熱式・電動式おもちゃ 電気ポンプ 電気マッサージ器 自動販売機 直流電源装置 　　　　　　　　　　　　　など全115品目	電気こたつ　　　　　白熱電灯器具 電気がま　　　　　　電気スタンド 電気冷蔵庫　　　　　テレビジョン受信機 電気歯ブラシ　　　　音響機器 電気かみそり　　　　リチウムイオン蓄電池 　　　　　　　　　　　　　など全339品目

PES ： PおよびSは Product Safety 、Eは Electrical Appliance & Materials の略

Part1 電気設備の種類と法律

Part2 電気工事と配線

Part3 電気設備

Part4 照明設備

Part5 電気通信設備

Part6 エレベーターとエスカレーター

Part7 電気設備の安全とメンテナンス

特定電気用品

電気用品の区分および製品		
電線	**配線器具**	**電流制限器**
1 ゴム絶縁電線	30 タンブラースイッチ	72 アンペア制用電流制限器
2 合成樹脂絶縁電線	31 中間スイッチ	73 定額制用電流制限器
3 ケーブル（導体の断面積が 22㎟ 以下のもの）（ゴムのもの）	32 タイムスイッチ	**変圧器・安定器**
4 ケーブル（導体の断面積が 22㎟ 以下のもの）（合成樹脂のもの）	33 ロータリースイッチ	74 おもちゃ用変圧器
5 単芯ゴムコード	34 押しボタンスイッチ	75 その他の家庭機器用変圧器
6 より合わせゴムコード	35 プルスイッチ	76 電子応用機械器具用変圧器
7 袋打ちゴムコード	36 ペンダントスイッチ	77 蛍光灯用安定器
8 丸打ちゴムコード	37 街灯スイッチ	78 水銀灯用安定器 その他の高圧電灯用安定器
9 その他のゴムコード	38 光電式自動点滅器	79 オゾン発生器用安定器
10 単芯ビニルコード	39 その他の点滅器	**電熱器具**
11 より合わせビニルコード	40 箱開閉器	80 電気便座
12 袋打ちビニルコード	41 フロートスイッチ	81 電気温蔵庫
13 丸打ちビニルコード	42 圧力スイッチ	82 水道凍結防止器
14 その他のビニルコード	43 ミシン用コントローラー	83 ガラス曇り防止器
15 単芯ポリエチレンコード	44 配線用遮断器	84 その他の凍結・凝結防止用電熱器具
16 その他のポリエチレンコード	45 漏電遮断器	85 電気温水器
17 単芯ポリオレフィンコード（合成樹脂）	46 カットアウト	86 電熱式吸引器
18 その他のポリオレフィンコード(合成樹脂)	47 差込みプラグ	87 家庭用温熱治療器
19 キャブタイヤコード（ゴム）	48 コンセント	88 電気スチームバス
20 キャブタイヤコード（合成樹脂）	49 マルチタップ	89 スチームバス用電熱器
21 金糸コード（合成樹脂）	50 コードコネクタボディ	90 電気サウナバス
22 ゴムキャブタイヤケーブル	51 アイロンプラグ	91 サウナバス用電熱器
23 ビニルキャブタイヤケーブル（ゴム）	52 器具用差込みプラグ	92 観賞魚用ヒーター
24 ビニルキャブタイヤケーブル（合成樹脂）	53 アダプター	93 観賞植物用ヒーター
25 耐燃性ポリオレフィンキャブタイヤケーブル（合成樹脂）	54 コードリール	94 電熱式おもちゃ
ヒューズ	55 その他の差込み接続器	**電動力応用機械器具**
26 温度ヒューズ	56 ランプレセプタクル	95 電気ポンプ
27 つめ付きヒューズ	57 セパラブルプラグボディ	97 電気井戸ポンプ
28 管形ヒューズ	58 その他のねじ込み接続器	96 冷蔵用のショーケース
29 その他の包装ヒューズ	59 蛍光灯用ソケット	98 冷凍用のショーケース
	60 蛍光灯用スターターソケット	99 アイスクリームフリーザー
	61 分岐ソケット	100 ディスポーザー
	62 キーレスソケット	101 電気マッサージ器
	63 防水ソケット	103 自動洗浄乾燥式便座
	64 キーソケット	102 自動販売機
	65 プルソケット	104 浴槽用電気泡発生器
	66 ボタンソケット	105 観賞魚用電気泡発生器
	67 その他のソケット	106 その他の電気泡発生器
	68 ねじ込みローゼット	107 電動式おもちゃ
	69 引掛けローゼット	108 電気乗物
	70 その他のローゼット	109 その他の電動力応用遊戯器具
	71 ジョイントボックス	**電動力応用機械器具**
		110 高周波脱毛器
		電動力応用機械器具
		111 磁気治療器
		112 電撃殺虫器
		113 電気浴器用電源装置
		114 直流電源装置
		電動力応用機械器具
		115 携帯発電機

（経済産業省資料より）

用語解説	**「定格電力」**：実際の消費電力における理論上最大値の消費電力のことで、突入電力やフル稼働時を想定しています。通常は定格電力で定められた値の半分くらいまでの範囲で使用します。特に電流をたくさん消費する素子を使用する場合などは、発熱などに注意しなければなりません。

電気工事業法

電気工事業法は、電気工事事業者に対して、適正な電気工事を行うよう指導監督する法律です。電気工事士を雇用する電気工事業者を対象にし、電気工事士法との相互補完の関係で、電気保安体制を確立することを目的としています。

電気工事業法(電気工事業の業務の適正化に関する法律)

(1) 電気工事業を営む者の登録

建設業法の許可をうけている建設業者でない場合、当該登録などの手続きを行わないと、電気工事業は営めないことになっています。

① 一つの都道府県内にのみ営業所を設置して電気工事業を営もうとする者は、都道府県知事の登録をうけなければなりません。2以上の都道府県内に営業所を設置して事業を営もうとするときは、産業保安監督部長の登録をうけなければなりません。

② 電気工事業者の登録の有効期間は5年とし、引き続き営もうとする者は、更新の登録をうけなければなりません。

③ 自家用電気工作物に係る電気工事のみの電気工事業を営もうとする者は、営業所の所在地を管轄する都道府県知事または産業保安監督部長に、その旨を通知しなければなりません。

(2) 主任電気工事士の設置義務

登録電気工事業者は一般用電気工事の業務を行う営業所ごとに、その作業を管理させるため、第一種電気工事士または免状交付後3年以上の実務経験を有する第二種電気工事士を主任電気工事士として設置することが義務づけられています。

(3) 電気工事業者の業務規制

電気工事業者に対して、保安確保の観点から、以下の規制が設けられています。

① 第一種電気工事士でないものを、自家用電気工事の作業に従事させてはなりません。また、特種電気工事資格者でない者を、特殊電気工事の作業に従事させてはなりません。

② 第一種電気工事士または第二種電気工事士でない者を、一般電気工事の作業に従事させてはなりません。

③ 請け負った電気工事を、当該電気工事に係る電気工事業を営む電気工事業者でない者に請け負わせてはなりません。

④ 電気用品安全法による所定の表示がある電気用品でなければ、電気工事に使用することはできません。

⑤ 電気工事が適正に行われたかどうかを検査することなどのため、営業所ごとに絶縁抵抗計、その他経済産業省令で定める器具を備えなければなりません。

⑥ 営業所および電気工事の施工場所ごとに、見やすい場所に標識を掲示しなければなりません。

⑦ 営業所ごとに帳簿を備え所要の事項を記載し、これを5年間保存しなければなりません。

Part1 電気設備の種類と法律

Part2 電気工事と配線

Part3 電気設備

Part4 照明設備

Part5 電気通信設備

Part6 エレベーターとエスカレーター

Part7 電気設備の安全とメンテナンス

電気工事業法の体系図

		通知電気工事業者又はみなし通知電気工事業者（建設業法第2条第3項の建設業者）
自家用電気工作物（500kw未満の需要設備）に係る電気工事業	自家用電気工作物のみの電気工事業	1．経済産業大臣（産業保安監督部長）又は県知事に対する通知義務（建設業者の場合は届出義務）
		2．電気工事士等有資格者の使用義務
		①自家用電気工作物の電気工事→第一種電気工事士（但し、簡易電気工事については認定電気工事従事者でも可。）
		②自家用電気工作物の特殊電気工事→特種電気工事資格者
		3．電気工事を請負せることの制限
		4．電気用品の使用制限
		5．器具の備え付け義務
		6．標識の掲示義務
		7．帳簿の備え付け義務
	一般用電気工作物及び自家用電気工作物に係る電気工事業	登録電気工事業者又はみなし登録電気工事業者（建設業法第2条第3項の建設業者）
		1．経済産業大臣（産業保安監督部長）又は県知事に対する登録義務（建設業者の場合は届出義務）
		2．主任電気工事士の設置義務→第一種電気工事士又は3年以上の実務経験を有する第二種電気工事士を営業所毎に設置
		3．電気工事士等有資格者の使用義務
		①自家用電気工作物の電気工事→第一種電気工事士（但し、簡易電気工事については認定電気工事従事者でも可。）
		②自家用電気工作物の特殊電気工事→特種電気工事資格者
		③一般用電気工作物の電気工事→第二種電気工事士又は第一種電気工事士
一般用電気工作物に係る電気工事業		4．電気工事を請負せることの制限
		5．電気用品の使用の制限
		6．器具の備え付け義務
		7．標識の掲示義務
		8．帳簿の備え付け義務
	一般用電気工作物のみの電気工事業	登録電気工事業者又はみなし登録電気工事業者（建設業法第2条第3項の建設業者）
		1．経済産業大臣（産業保安監督部長）又は県知事に対する登録義務（建設業者の場合は届出義務）
		2．主任電気工事士の設置義務→第一種電気工事士又は3年以上の実務経験を有する第二種電気工事士を営業所毎に設置
		3．電気工事士の使用義務→第一種電気工事士又は第二種電気工事士
		4．電気工事を請負せることの制限
		5．電気用品の使用の制限
		6．器具の備え付け義務
		7．帳簿の備え付け義務
		8．標識の掲示義務

建設業法の許可をうけている建設業者であって電気工事業を営むものについては、本法の通知または登録を行った「みなし通知電気工業者」または「みなし登録電気業者」となります。

（関東東北産業保安監督部資料より）

用語解説　「第一種電気工事士」：電気工事士は、一般用電気工作物および自家用電気工作物の工事に関する専門的な知識を有するものの資格です。第一種電気工事士は、500kW未満の自家用電気工作物（中小工場、ビル、高圧受電の商店など）および一般電気工作物（一般家屋、小規模商店、600V以下で受電する電気設備など）の工事に従事することができます。

電気の歴史

　だれもが「電気をつけて！」といわれると、たいてい明かりをつけます。これは、日本の電気の歴史が電灯から始まったからではないでしょうか。

　明治11年3月25日、電信中央局開局式の祝宴において、日本で初めてアーク灯が点灯されました。この日から、日本の電気の歴史が始まりました。この日は後に電気記念日として制定されています。

電気の歴史	
1870年	グラム（ベルギー）が実用的な発電機を開発
1871年	横浜市にガス局が設置され、翌年、ガス灯が点灯される
	東京－横浜間で電信が始まる
1878年	虎ノ門の工部大学校で、初めて電灯「アーク灯」が点灯。「電気記念日（3月25日）」の由来
1879年	エジソン（米）が白熱電灯を実用化。「あかりの日（10月21日）」の由来
1881年	エジソンによって世界初の電灯事業がニューヨークで開始される
1882年	東京・銀座にアーク灯が灯され、市民が初めて電灯を見る
	世界初の水力発電がニューヨークで始まる
1884年	ニコラ・ステラ（米）が提唱した交流方式が電気事業の主力となっていく
1885年	日本初の白熱電灯が東京銀行集会所開業式で点灯される
1886年	初めての電気事業者として東京電灯会社（現・東京電力）が開業
1887年	名古屋電灯、神戸電灯、京都電灯、大阪電灯が相次いで設立
	東京電灯が第二電灯局を建設、日本初の火力発電所が誕生（出力25kW）
1888年	初めての自家用水力発電所が宮城紡績所に誕生
1889年	アメリカから交流発電機を輸入し、大阪電灯が交流式配電を開始
1890年	第3回内国勧業博覧会で日本初の電車運転
	東京－横浜で電話局が開設
	東京電灯が浅草紫雲閣でエレベーターを運転。初の動力用電力を供給
1892年	東京電灯が電灯1万灯祝典を挙行
1894年	日清戦争勃発
1895年	ドイツ、AEG製の発電機（50ヘルツ）で東京電灯・浅草発電所操業開始
1896年	電気事業取締規則が制定される
1897年	大阪電灯がアメリカ、GE製の発電機（60ヘルツ）を増設

電気工事
と配線

電気工事は、いろいろな電気設備を配線でつなぐことによって行います。工事の内容に合わせて、配線や配線器具を用います。

電気の引き込み

電気を引き込む場合には、その契約に応じた電気工事が必要です。使用する電気機器や電気設備の配線、分電盤工事、計測器工事、引き込み口から計測器を通って分電盤までの幹線工事が必要となります。

引き込みの方法

事務所ビルや商業施設、工業施設などで6,600Vの高圧電力の供給をうける場合は、業務用電力引込工事が必要です。

(1) 架空高圧ケーブル引込線

電力柱より建物などの支持点へ直接引き込みます。構内柱が建てられない場合や埋設が難しい場合に用います。

(2) 地中高圧ケーブル引込線

建物敷地内に電力柱がある場合に用います。歩道などを横断しての施工も可能ですが、道路占用許可などが必要となります。

(3) 地中ケーブル引込線

建物の美観を崩したくない場合に用います。

受電方式

受電方式には、1回線受電方式、並行2回線受電方式、予備回線受電方式、ループ回線受電方式、スポットネットワーク受電方式などがあります。50kW～1,000kW程度の小規模需要家の場合は、1回線受電方式を採用するのが一般的です。事故対応などで信頼性を求める場合は、その他の方式を採用します。受電方式については、計画時に電力会社とよく打ち合わせを行うことが大切です。

(1) 1回線受電方式

電力会社の配電線から1回線で受電する方式です。もっとも簡単な方法ですが、配電線の故障時には停電となります。

(2) 並行2回線受電方式

同じ変電所から2回線で受電する方式です。配電線の1回線が故障しても受電することができます。変電所の故障の場合は停電となります。

(3) 予備回線受電方式

異なる変電所から1回線ずつ受電する方式です。近くに二つの変電所がない場合は、電力会社への多額の負担金が必要です。官庁や放送局など、停電が問題になる建物で採用されます。

(4) ループ回線受電方式

電力会社の配電線がループ状になっていて、配電線のトラブルの場合は、正常な側から配電する方式です。

(5) スポットネットワーク受電方式

変電所からは、3回線の配電線が送り出されているため、1回線が故障し停電しても、他の正常な回線より無停電で受電を継続することができます。

Part1 電気設備の種類と法律

Part2 電気工事と配線

Part3 電気設備

Part4 照明設備

Part5 電気通信設備

Part6 エレベーターとエスカレーター

Part7 電気設備の安全とメンテナンス

架空高圧ケーブル引込線の例

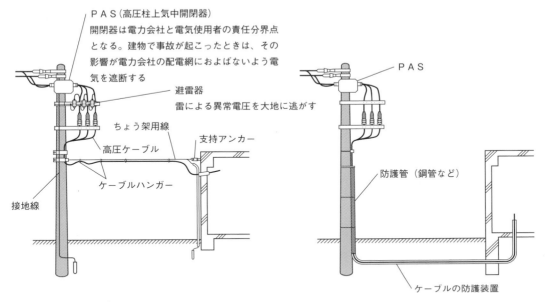

PAS（高圧柱上気中開閉器）
開閉器は電力会社と電気使用者の責任分界点となる。建物で事故が起こったときは、その影響が電力会社の配電網におよばないよう電気を遮断する

避雷器
雷による異常電圧を大地に逃がす

ちょう架用線

支持アンカー

高圧ケーブル

ケーブルハンガー

接地線

地中高圧ケーブル引込線の例

PAS

防護管（鋼管など）

ケーブルの防護装置

受電方式の種類

１回線受電方式

予備回線受電方式

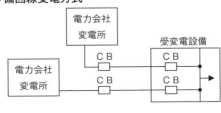

スポットネットワーク受電方式

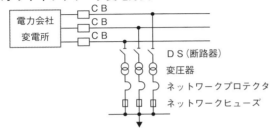

並行２回線受電方式

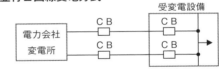

ループ回線受電方式

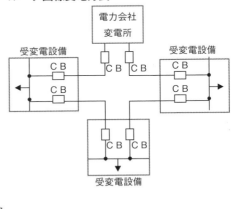

用語 解説	「**回路計**」：切替スイッチで電圧、電流、抵抗値の測定ができる機械です。テスターとも呼ばれます。付属する2本一組のテスト棒を測定箇所にあてて測定を行います。

屋内配線

屋内配線図

電気設備の配線は屋内配線図で表します。屋内配線図は、建築平面図に幹線や分岐回路、電灯やコンセント、電動機や電気通信設備の配置を記号で表したものです。屋内配線図の配線用記号はJIS C0303（構内電気設備の配線用図記号）に定められています。

電線の記号

電線には各種のものがあり、下記の線で表わします。また、電線の種類には記号が使われます。

天井隠ぺい配線	—————————
床隠ぺい配線	– – – – – – – –
露出配線	- - - - - - - - - - -

電線の種類と記号

記号	名称	記号	名称
IV	600Vビニル絶縁電線	AE	警報用ケーブル
HIV	600V二種ビニル絶縁電線	TIVF	屋内用平形通信電線
IC	600V架橋ポリエチレン絶縁電線	TIEV	屋内用通信電線
OW	屋外用ビニル絶縁電線	CPEV	市内対ポリエチレン絶縁ビニルシースケーブル
OC	屋外用架橋ポリエチレン絶縁電線	CPEV-S	市内対ポリエチレン絶縁ビニルシースケーブル（シールド付き）
OE	屋外用ポリエチレン絶縁電線	CPEV-SS	市内対ポリエチレン絶縁ビニルシースケーブル（自己支持形）
DV	引込用ビニル絶縁電線	FCPEV	着色識別ポリエチレン絶縁ビニルシースケーブル
PDC	高圧引下用架橋ポリエチレン絶縁電線	CPEE	市内対ポリエチレン絶縁ポリエチレンシースケーブル
CV	600Vまたは高圧架橋ポリエチレン絶縁ビニルシースケーブル	CPEE-S	市内対ポリエチレン絶縁ポリエチレンシースケーブル（シールド付き）
CVD	600Vまたは高圧架橋ポリエチレン絶縁ビニルシースケーブル（単芯2本のより線）	CPEE-SS	市内対ポリエチレン絶縁ポリエチレンシースケーブル（自己支持形）
CVT	600Vまたは高圧架橋ポリエチレン絶縁ビニルシースケーブル（単芯3本のより線）	CCP	着色識別ポリエチレン絶縁ポリエチレンシースケーブル
CVQ	600Vまたは高圧架橋ポリエチレン絶縁ビニルシースケーブル（単芯4本のより線）	C-2V	高周波同軸ケーブル (ECX)
VVF	600Vビニル絶縁ビニルシースケーブル（平形）	S-Ⓝ C-FB	衛星放送受信屋内用発泡ポリエチレン絶縁ビニルシース同軸ケーブル
VVR	600Vビニル絶縁ビニルシースケーブル（丸形）	SD	SDワイヤ
CVV	制御用ビニル絶縁ビニルシースケーブル	TOEV-SS	屋外用通信電線（自己支持形）
CVV-S	制御用ビニル絶縁ビニルシースケーブル（銅テープ遮へい付き）	MVVS	マイクロホン用ビニルコード
FP-C	耐火ケーブル（電線管用）	EBT	電子ボタン電話用ケーブル
HP	耐火ケーブル	TKEV	通信用構内ケーブル
EM-IE	600V耐燃性ポリエチレン絶縁電線	UTP	UTPケーブル
EM-IC	600V耐燃性架橋ポリエチレン絶縁電線	OPT	光ファイバーケーブル
EM-CE	600V架橋ポリエチレン絶縁耐燃性ポリエチレンシースケーブル	ITPEV	通信屋内用ポリエチレン絶縁ビニルシースケーブル
EM-EE	600Vポリエチレン絶縁耐燃性ポリエチレンシースケーブル	ITPEV-S	通信屋内用ポリエチレン絶縁ビニルシースケーブル（シールド付き）
EM-EEF	600Vポリエチレン絶縁耐燃性ポリエチレンシースケーブル平形		
EM-CCE	制御用架橋ポリエチレン絶縁耐燃性ポリエチレンシースケーブル		
EM-CEE	制御用ポリエチレン絶縁耐燃性ポリエチレンシースケーブル		

（JIS　C0303より）

Part1 電気設備の種類と法律

Part2 電気工事と配線

Part3 電気設備

Part4 照明設備

Part5 電気通信設備

Part6 エレベーターとエスカレーター

Part7 電気設備の安全とメンテナンス

おもな配線用図記号

機器

名称	図記号
電動機	Ⓜ
コンデンサ	(コンデンサ記号)
電熱器	Ⓗ
換気扇	(換気扇記号)
ルームエアコン	RC

電灯・動力

名称		図記号
一般用照明	白熱灯 HID灯	○
	蛍光灯	(蛍光灯記号)
非常用照明 （建築基準法によるもの）	白熱灯	●
	蛍光灯	(蛍光灯記号 黒)
誘導灯（消防法によるもの）	白熱灯	(誘導灯記号)
	蛍光灯	(蛍光灯誘導灯記号)

コンセント

名称		図記号
コンセント	一般形	(一般形記号)
	ワイド形	(ワイド形記号)

開閉器・計器

名称	図記号
開閉器	S
配線用遮断器	B
漏電遮断器	E
タイムスイッチ	TS
電力量計	Ⓦⓗ

電力量計 （箱入りまたはフード付き）	Wh
変流器（箱入り）	CT
電流制限器	Ⓛ
漏電警報	(記号)G
漏電火災警報 （消防法によるもの）	(記号)F

配電盤・分電盤など

名称	図記号
配電盤、分電盤および制御盤	□

通信・情報

名称	図記号
内線電話機	Ⓣ
加入電話機	Ⓣ
公衆電話機	ⓅⓉ
ファクシミリ	FAX
転換器	☑
保安器	▣
デジタル回線終端装置	DSU
ターミナルアダプタ	TA
端子盤	▭
本配線盤	MDF
中間配線盤	IDF
交換機	PBX
ボタン電話主装置	▭
局線中継台	ATT
局線表示盤	▥
時分割回線多重化装置	TDM
通信用アウトレット （電話用アウトレット）	◉

（JIS C0303より）

用語解説 **「配線図」**：配線図には単線結線図と複線結線図があります。単線結線図は、三相の線を1本の線で描いたもので、複線結線図は三相の線を3本とも描いた図です。

配線材料

　配線に用いる材料や配線器具は、使用目的により各種のものがあります。

配線材料の種類

　配線の材料には、絶縁電線、コード、ケーブル、キャブタイヤケーブルがあります。またそれらをおさめる材料として、金属管や合成樹脂管、可とう管、ダクトがあります。

　絶縁電線は、銅線に塩化ビニル樹脂混合物の被覆をしたもので、屋内用と屋外用があります。

　コードは、スチレンブダジエンゴム混合物で被覆したもので、電球線や小型電気器具の配線に用いられます。

　ケーブルは、ビニルやポリエチレン、鋼管の中を無機物で絶縁したものなどがあります。一般的な屋内、屋外の他に、地中線、コンクリート内の埋設電線、耐火性の配線などとしても使われます。

　キャブタイヤケーブルは、外装が摩耗や屈曲に強く、移動電線として用いられます。

　屋内配線はほとんどが銅線で、アルミ線が使用されることもあります。コードはおもに細い軟銅線をより合わせたものが使われます。屋外では硬銅線が使われます。

金属管と合成樹脂管

　金属管には、薄鋼電線管、厚鋼電線管、ねじなし電線管があります。可とう性が

ないため、配管の曲げをつくるには、配管用ベンダを使って金属製電線管そのものを曲げるか、あらかじめ曲げてある配管付属品を使用します。

　厚鋼電線管と薄鋼電線管は、管の両端にねじを切り、電線管やアウトレットボックス、プルボックスなどと接続できるようになっています。電線管との接続には専用のカップリングを使用します。種々のボックスとの接続には、ボックスコネクタやロックナットなどを利用して固定します。ねじなし電線管は専用のカップリングやボックスコネクタがあるため、電線管どうしの接続やボックス類との接続の際、管にねじを切る必要がありません。そのため作業が省力化できます。

　合成樹脂管は、塩化ビニル樹脂を原料とした電線管です。耐腐食性や絶縁性に優れていますが、衝撃や温度変化に弱いという欠点があります。

　可とう電線管は、管を自由に曲げることができます。分電盤から機器の付近まで金属管を使用して配管し、機器に接続する際に可とう電線管を使用するというような使い方もあります。

　合成樹脂製可とう電線管は、単に可とう管とも呼ばれます。耐燃性のある合成樹脂管は、PF管(Plastic Flexible cond--uit)と呼ばれます。単層のPFSと複層のPFDがあります。CD管(Combined Duct)は、耐燃性のない合成樹脂管です。

絶縁電線

600Vビニル絶縁電線（IV）

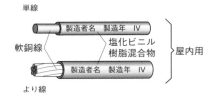

単線

製造者名　製造年　IV
塩化ビニル樹脂混合物

軟銅線

より線

製造者名　製造年　IV

屋内用

引込用ビニル絶縁電線（DV）

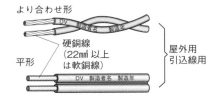

より合わせ形

DV
硬銅線（22㎟ 以上は軟銅線）

平形

DV　製造者名　製造年

屋外用引込線用

屋外用ビニル絶縁電線（OW）

単線

OW　製造者名　製造年
塩化ビニル樹脂混合物

硬銅線

OW　製造者名　製造年

より線

屋外用

ケーブル

600Vビニル絶縁ビニルシースケーブル（VVF、VVR）

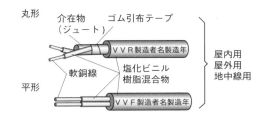

丸形

介在物（ジュート）　ゴム引布テープ

VVR製造者名製造年
塩化ビニル樹脂混合物

軟銅線

平形

VVF製造者名製造年

屋内用屋外用地中線用

コンクリート直埋用ケーブル（CB-VV、CB-EV）

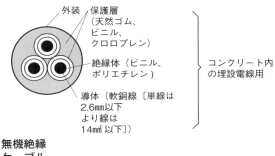

外装　保護層（天然ゴム、ビニル、クロロプレン）

絶縁体（ビニル、ポリエチレン）

導体（軟銅線〔単線は2.6mm以下より線は14㎟ 以下〕）

コンクリート内の埋設電線用

無機絶縁ケーブル（MI）

軟銅線　銅管

耐火性配線用

無機物（酸化マグネシウム）

コード

単芯コード（単芯ゴムコード）

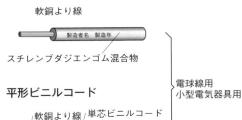

軟銅より線

製造者名　製造年

スチレンブタジエンゴム混合物

電球線用小型電気器具用

平形ビニルコード

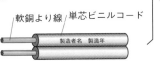

軟銅より線　単芯ビニルコード

製造者名　製造年

キャブタイヤケーブル

ゴムキャブタイヤケーブル（1CT、2CT、3CT、4CT）

軟銅より線　ゴム混合物

移動電線用

ビニルキャブタイヤケーブル（VCT）

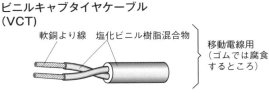

軟銅より線　塩化ビニル樹脂混合物

移動電線用（ゴムでは腐食するところ）

用語解説　**「可とう性」**：柔軟性があり折り曲げてもポキンと折れない性質のことです。それに対して「剛性」は強くて折れにくい性質です。

Part1　電気設備の種類と法律

Part2　電気工事と配線

Part3　電気設備

Part4　照明設備

Part5　電気通信設備

Part6　エレベーターとエスカレーター

Part7　電気設備の安全とメンテナンス

配線器具

配線器具には、スイッチやコンセントをはじめ差込プラグやコードコネクタなど、低圧電路に用いる小形の開閉器や接続器などの器具があります。

小形スイッチ

電灯や電気器具の点滅に使用するのが小形スイッチです。小形スイッチはOn／Offのみを行うもので、過電流（ショート[短絡]、電気の使い過ぎ[過負荷]）を遮断することはできません。

接続器

配線の接続にあたって、抵抗値が増えないことや接続の強度に問題が生じないことが必要です。そのために接続器や接続箱を使用します。

配線用差込接続器は、差込プラグとプラグ受けで構成され、差込プラグをプラグ受けに抜き差しすることによって、配線とコードまたはコードとコードの電気的接続と断路を容易にできるようにしたものです。差込プラグ、コンセント、コードコネクタボディ、マルチタップがあります。

差込プラグは、差し込みの刃と接続部から構成されます。

コンセントは、電源などを供給するために、家電製品などの電気器具のプラグを接続する差し込み口で、壁や床、機器などに固定できるもののことです。抜けにくくしたコンセントとして、「引掛形コンセント」と「抜止形コンセント」があります。引掛形コンセントは、プラグを回転させることにより、刃の広い部分をコンセントのボディに引っ掛けて抜けなくするものです。抜止形コンセントは、プラグの刃の穴に、コンセント内の刃受けばねのつりがね状のボッチが引っ掛かり、容易に抜けにくくなっています。

マルチタップは、プラグ受けのうち、二口以上の刃受、コードなどとの接続部から構成されるものです。卓上などにおいて使用するものをテーブルタップ、コードで吊り下げて使用する目的のものをペンダント形マルチタップといいます。

接続器の形状には、抜止形、引掛形、露出形、埋込形、連用形、線ぴ用、防水形、防浸形、普通形、屋内形、扉付き、パイロットランプ付き、アースターミナル付き、栓刃可動形、漏電遮断器付きなどがあります。

接続箱（ジョイントボックス）

細物の電線やケーブルの接続部を収納する目的で、配線経路中に用意するふた付きの箱です。ジョイントボックス内の電線は、リングスリーブや差込型コネクタによって接続を行います。

雨水の浸入、結露などを防止し、気密性を確保することで伝送特性を守ります。ボディには、耐候性プラスチックなどが用いられます。

おもな小形スイッチ

片切りスイッチ	1箇所から電気器具の点滅を行うスイッチ。もっとも一般的なスイッチ
3路スイッチ	2箇所から電気器具の点滅を行うスイッチ。階段の上階・下階などに使用される
4路スイッチ	3箇所以上から電気器具の点滅を行う場合は、3路スイッチと4路スイッチを組み合わせて使用する
ワイドスイッチ	片切りスイッチのボタン面を広くしたもの。押しやすく高齢者にも使いやすい
プルスイッチ	引きひもによって点滅を行うスイッチ
表示ランプ付きスイッチ	電気器具が消えている状態のときに、スイッチが光るもの（玄関やトイレなどで使用される）と、電気器具が使用されているときにスイッチが光るもの（換気扇などに使用される）とがある
タイマー付きスイッチ	決められた時間が経過するとOffになるスイッチ。時間が自由に決められるもの（浴室の換気扇などに使用される）と、一定時間が経過するとOffになるもの（玄関の照明、トイレの換気扇に使用される）とがある
人感センサースイッチ	スイッチに内蔵されたセンサが、人を感知するとOnになるスイッチ。玄関や廊下、トイレなどで使用される
調光スイッチ	照明の明るさを調整できるスイッチ
自動点滅器	屋外の明るさを感知して、暗くなるとOn、明るくなるとOffになるスイッチ。道路や公園の街灯に使用される

おもなコンセントの種類

一般的な家庭用100V
コンセント
（JIS C 8303
2極コンセント
15A125V）

OA機器設置箇所などに
使われるアース端子付き
コンセント
（JIS C 8303
2極接地極付きコンセント
15A125V）

エアコン設置箇所など
に用いられる大容量コ
ンセント
（JIS C 8303
2極接地極付きコンセント
20A125V）

200Vエアコン設置箇所
などに用いられるコンセ
ント
（JIS C 8303
2極接地極付きコンセント
20A250V）

おもな接続器

差込プラグ

コードコネクタボディ

テーブルタップ

用語解説 「接続と結線」：電線どうしをつなぐことを「接続」と呼び、器具に電線をつなぐことを「結線」と呼びます。

Part1 電気設備の種類と法律
Part2 電気工事と配線
Part3 電気設備
Part4 照明設備
Part5 電気通信設備
Part6 エレベーターとエスカレーター
Part7 電気設備の安全とメンテナンス

幹線設備と分電盤

　引込口から分電盤内の過電流遮断器 (P.38)までの配線を幹線といい、ここから電灯やコンセントまでの配線を分岐線といいます。分岐線は、一般回路とエアコンや大容量設備専用の専用回路から構成されます。電灯やコンセントにつながる分岐回路は、過電流遮断器の定格電流によって、15A、20A、30A、40A、50Aの各分岐回路があります。

幹線設備

　幹線は、引き込まれた電気を分電盤まで送り届ける電線です。建物に使用される電気設備の最大値に合わせて、幹線に使用する電線の太さを決めます。電線には、それぞれ流すことのできる電流の最大値としての許容電流が決められています。幹線に使用する電線は、接続する電気設備の定格電流の合計以上の許容電流をもつものでなければなりません。電気設備の分岐回路数や、幹線の長さによってもその太さは変わります。

　また、幹線には、その電源側に幹線の許容電流以下の過電流遮断器を設けることが電気設備技術基準で定められています。一つの幹線から他の幹線を分岐するときも、原則として過電流遮断器を設けなければなりません。

　幹線の立ち上げ方式には、①各階別に幹線を立ち上げる方式、②1本の幹線から各階で分岐する方式、③①と②の折衷案の方式があります。最近では、1本の幹線から各階で分岐する方式が多くなっています。

分電盤

　分電盤は、電気引込工事により建物などに引き込まれた電気を、分岐回路に流すための機器です。配電盤からそれぞれ必要な場所に幹線が敷設され、幹線の先に分電盤が設置されます。そこから、照明やコンセント、電動機などに電源を供給します。

　電灯幹線が接続された分電盤を電灯分電盤、動力幹線が接続された分電盤を動力分電盤といいます。動力負荷に電源を供給する分電盤は、ファンやポンプなどを自動制御するための機器が接続されるため、動力制御盤と呼ぶこともあります。

　分電盤は、漏電ブレーカーや安全ブレーカー、リミッターなどで構成され、それぞれ漏電遮断、過負荷遮断、契約容量遮断などの機能をもっています。電路の開閉と事故時に回路を遮断する役目も担っています。

　分電盤には、屋内形と屋外形があります。屋内形は雨水に対する抵抗力がないため、雨があたる場所に設置することはできません。水に対して抵抗が必要な場合、屋外形の分電盤を選定します。分電盤の特殊仕様として、防滴、防塵、防食・耐塩害など、設置する場所に応じた対策品が生産されています。結露の発生や虫の侵入にも注意することが必要です。

幹線の立ち上げ方式

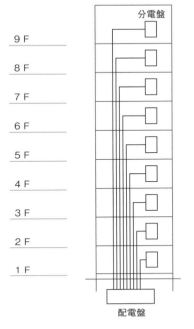

①各階別に
　立ち上げる方式

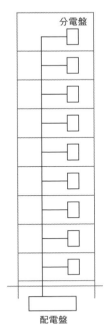

②1本の幹線を各階で
　分岐する方式

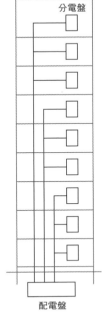

③ ①と②の折束方式

分電盤の構成例

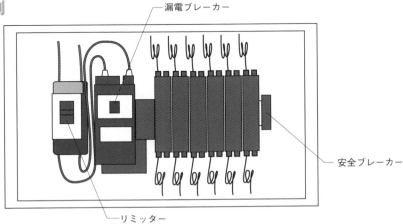

| 用語
解説 | **「配電盤と分電盤」**：電力会社から電力の供給を受ける受電点に設置される盤を配電盤と呼び、分電盤と区別しています。 |

Part1 電気設備の種類と法律

Part2 電気工事と配線

Part3 電気設備

Part4 照明設備

Part5 電気通信設備

Part6 エレベーターとエスカレーター

Part7 電気設備の安全とメンテナンス

遮断器とヒューズ

過電流遮断器には、配線用遮断器と漏電遮断器、ヒューズがあります。いずれも配線に過電流が流れたときに、自動的に電路を遮断します。

配線用遮断器（MCB）

配線用遮断器は、過負荷（電気の使いすぎ）や短絡（ショート）などの要因で二次側の回路に異常な電流が流れたとき、一次側からの電源供給を遮断することにより、負荷回路や電線を損傷から守る装置です。ブレーカーともいいます。遮断の方式には、熱動形、電磁形、熱動電磁形があります。

熱動形は、バイメタルの働きによって回路が開きます。過電流が流れるとバイメタルが加熱により湾曲して、回路が外れて遮断されます。

電磁形は、電磁石の働きによって回路が開く方式です。電磁形遮断器は、内部にパイプがあり、そのまわりにコイルが巻かれています。パイプ内には可動鉄芯、ばね、固定鉄芯が入っており、過電流がコイルに流れると、可動鉄芯・可動鉄片が固定鉄芯に引きよせられます。これによってラッチが外され、回路が遮断されます。

いずれも自動的に回路が遮断され、異常がなくなれば、手動操作で回路を回復することができます。

漏電遮断器（ELCB）

漏電遮断器は、配線や機器の絶縁不良による漏電、それによって発生する感電事故や火災を防止するための装置です。

漏電とは、絶縁体の絶縁が破れるなどして起こる絶縁不良や外的要因により、導体間が電気的に接続され、目的の電気回路以外に電流が流れることをいいます。感電、火災、電力の損失などの原因になります。

漏電遮断器は、配線用遮断器の機能の他に、地絡電流に応動して遮断器を引き外す漏電引外し装置、地絡事故で動作したことを表示する漏電表示装置などが組み込まれています。

地絡とは、電気回路と大地が相対的に低いインピーダンスで電気的に接続される状態です。地絡時に電気回路には零相電流が発生するため、それを検出して回路を遮断します。

漏電の発生原因は、①絶縁体の劣化や破損、②水濡れ、③塩害（送電機器に塩分が付着すると、絶縁低下や腐食などが起こる）④アースの間違い、⑤昆虫やネズミの侵入・ケーブル破壊、⑥ホコリの蓄積などがあります。

低圧ヒューズ

ヒューズは、過電流継電器（OCR）と遮断装置が一体になったものです。過電流が流れたときに発生する熱で溶けて、回路が開きます。開閉を繰り返す機構になっていないため、異常がなくなってからヒューズを取り替える必要があります。

バイメタルの原理

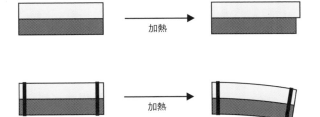

加熱

加熱

熱膨張率が異なる2枚の金属を
貼り合わせる。これが加熱されると、
熱膨張率の違いから湾曲する

電磁形の仕組み

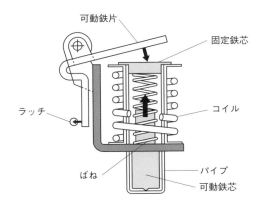

可動鉄片

固定鉄芯

ラッチ

コイル

ばね

パイプ

可動鉄芯

過電流がコイルに流れると、
固定鉄芯に可動鉄芯・鉄片が
引きよせられる。
この動きによって、ラッチが
外れ、回路を遮断する

漏電遮断器の内部接続例

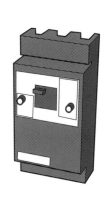

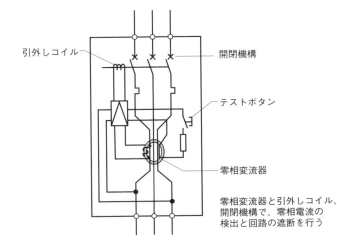

引外しコイル

開閉機構

テストボタン

零相変流器

零相変流器と引外しコイル、
開閉機構で、零相電流の
検出と回路の遮断を行う

**用語
解説**

「インピーダンス」： 交流電流の流れにくさを示すものです。コンデンサやコイルに交流電
圧を接続すると、誘導性リアクタンスが発生し抵抗と同じような働きをします。交流電流の
流れをさまたげるのは、抵抗とリアクタンスですから、抵抗とリアクタンスを合わせたもの
がインピーダンスとなります。

Part1 電気設備の種類と法律

Part2 電気工事と配線

Part3 電気設備

Part4 照明設備

Part5 電気通信設備

Part6 エレベーターとエスカレーター

Part7 電気設備の安全とメンテナンス

工事用工具

電気工事用工具には各種のものがあり、新しい工具の出現が工事効率の向上に寄与しています。

工具一覧

(1) ペンチ

電線などを切る、曲げる、挟む、引っ張る、ねじるといった多くの作業ができる工具です。電工ペンチとも呼ばれます。

(2) ニッパー

電線などを切断するための工具です。刃の中央に小さな穴の開いたニッパーが一般的です。穴の空いたニッパーは、切断以外に被覆線中の導線を切ることなく、被覆だけをはがすことができます。

(3) 電工ナイフ

電線の被覆はぎなどの線材加工に使います。従来は折りたたみ式でしたが、刃を出し入れする作業効率の悪さを改善するため、ベルトに吊るプラスチック製の鞘とセットになった電工ナイフがよく使用されます。

(4) ドライバー

ねじを締め付けて固定したり緩めて外したりする工具です。扱うねじに合ったドライバーを使わないと、ねじの溝あるいはドライバーの先端を傷めることがあります。

(5) ウォーターポンプフライヤー

ピポッドを握り方向にスライドさせることで、先端部分が大きく開く工具です。配管など径の大きな物を挟む場合に使用します。

(6) ストリッパー

絶縁電線の被覆のはぎ取りに使用します。長い刃先に、数種類の直径の異なる穴が空いています。ワイヤーストリッパー、ケーブルストリッパーがあります。

(7) 圧着工具

圧着端子で電線を接続する場合や、電線と機器を接続する際に使用します。

(8) 圧縮工具

ケーブルを挿入したコネクタを圧縮して接合する工具です。

(9) ケーブルカッター

おもに銅線ケーブルを切断するための工具です。工具の小型軽量化が求められ、ラチェット式ケーブルカッターが多くなっています。ラチェット式は、可動刃と固定刃の両方で切断するため、電線断面が変形しにくく、きれいな切断を行うことができます。

(10) ケーブルベンダー

太い電線ケーブルを片手で楽に曲げるための工具です。狭い場所での配線作業を楽に行うことができます。

(11) 張線器

ケーブル架設工事でケーブルを張るときに使用します。

ウォーターポンプフライヤー

(写真提供：ホーザン(株))

ストリッパー

(写真提供：ホーザン(株))

圧着工具

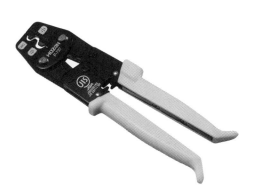

(写真提供：ホーザン(株))

リングスリーブ

圧着

リングスリーブに
電線を入れる

圧着後

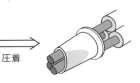

圧縮工具

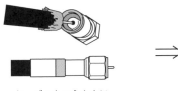

ケーブルをコネクタに
挿入する

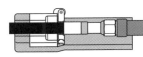

ケーブルを挿入したコネクタを
圧縮工具にとりつける

圧縮

圧縮後

用語 解説	**「リングスリーブ」**：電線の接続に使用するパーツです。心線をスリーブに通して、圧着工具 で圧着接続します。

Part1 電気設備の種類と法律

Part2 電気工事と配線

Part3 電気設備

Part4 照明設備

Part5 電気通信設備

Part6 エレベーターとエスカレーター

Part7 電気設備の安全とメンテナンス

ケーブル工事

ケーブル工事の概要

　ケーブル工事は、展開した場所や密閉された場所で用いられる工事方法です。ケーブルの種類は、ビニル外装ケーブルやポリエチレン外装ケーブルなどが用いられます。

　ケーブルを敷設する経路となるのがEPS（Electric Pipe Space / Shaft）です。建物内を縦に貫くように設けられます。EPS内では、ケーブルを効率的に配線するためにケーブルラックが用いられます。ケーブルラックは、電力幹線や通信幹線、各種ケーブル類を整理して乗せるための部材です。配管工事などと比べて施工性が良く、大量のケーブルを敷設するのに適しています。

　天井裏へのケーブル配線は、直付けする場合とケーブルラックを用いる場合があります。

ケーブルラックの種類

　ケーブルラックには、はしご形とトレー形があります。

　はしご形ケーブルラックは、ケーブルラックの形状が、はしごと同様の形状になっています。ケーブルの支持固定が簡単で、横向きにも縦向きにも使用できます。外部に露出している部分ではしご形ケーブルラックを使用すると、下からケーブルが見えてしまうため注意が必要です。天井裏にケーブルラックを敷設する場合は、はしご形ケーブルラックを使用しても美観についての問題はありません。

　トレー形ケーブルラックは、ケーブルラックの下面を鉄板などでふさぎ、ケーブル固定用の小穴が開いているものです。下から見上げてもケーブルが隠れているため美観上の問題が無く、ケーブルに容易に触れることができないので、安全性が高くなります。ケーブルの荷重がトレー全体にかかるため、ケーブルに局所荷重がかからないのもメリットです。

ケーブルラック工事

　はしご形ケーブルラックは、横桟部分でケーブルを支持するため、ケーブルが局所的に締め付けられることになります。損傷の無いように、支持固定方法に注意することが大切です。ケーブルは、サドルやステープルなどを使って固定します。ケーブルラックは、300V以下の電圧のケーブルを乗せている場合はD種接地工事（P.50）、300Vを超える電圧のケーブルを乗せている場合はC種接地工事（P.50）を行います。ケーブルラックの継ぎ目は電気的に接続します。

　ケーブルラックの支持間隔は、鋼製ケーブルラックの場合、水平支持で2m以下とし、それ以外のケーブルラックでは1.5m以下とします。支持点間距離が広くなると、ケーブルラックのたわみが大きくなり、ラックの損傷やボルトが外れるなどの事故の原因になります。

Part1 電気設備の種類と法律

Part2 電気工事と配線

Part3 電気設備

Part4 照明設備

Part5 電気通信設備

Part6 エレベーターとエスカレーター

Part7 電気設備の安全とメンテナンス

EPSの構成例

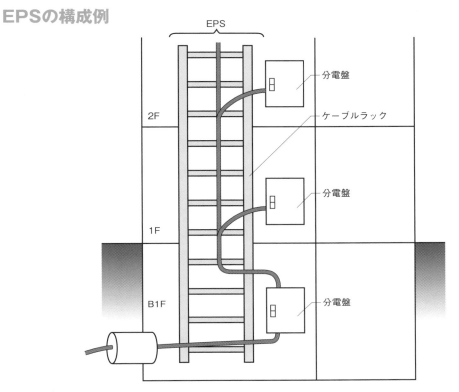

EPS

2F 分電盤

ケーブルラック

1F 分電盤

B1F 分電盤

ケーブルラック

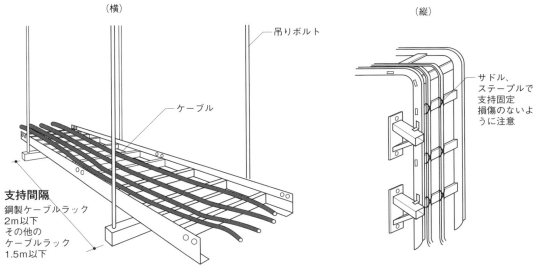

（横）

吊りボルト

ケーブル

支持間隔
鋼製ケーブルラック
2m以下
その他の
ケーブルラック
1.5m以下

（縦）

サドル、
ステープルで
支持固定
損傷のないよ
うに注意

用語 解説	**「ケーブルラックのセパレータ」**：ケーブルラック上に強電用ケーブルと弱電用ケーブルを両方乗せる場合は、互いのケーブル間に誘導などの干渉が生じないように仕切りを設けます。接地工事を行って、誘導電流を大地に逃がすことが大切です。

架空電線路工事

電線路のうちでもっとも一般的なものは、架空電線路と地中電線路です。架空電線路は、道路上や建造物に接近して施設されるため、以下について規制が行われています。

①電波障害・誘導障害・電磁誘導の防止
②支持物の種類、強度、風圧荷重、基礎の強度、径間など
③電線の種類、強度、地表上の高さ
④他物との離隔距離など

電波障害・誘導障害の防止

裸電線の表面から生じる放電(コロナ放電)や、がいしの不良によって、無線設備に障害を与えることを電波障害といいます。電波障害を防止するため、低圧・高圧の架空電線では、電波の許容限度が36.5dBと規定されています。

電線に流れる電流の電磁誘導などにより、他の電線や通信回路に電流が流れて障害となることを誘導障害といいます。誘導障害の防止については、架空電線と架空弱電線路が平行して施設される場合は、原則として2m以上の離隔をとることとなっています。

特別高圧架空電線路では、電話線の誘導電流の限度が規定されています。また特別高圧架空電線路からの電界の強さは、地表上1mの地点で30V/cmを超えないこととなっています。

支持物の種類

支持物の材料や構造は、電線などの引張荷重、風速40m/s時の風圧荷重などを考慮して検討します。また、連鎖倒壊がないように施設しなければなりません。

支持物は、木柱、コンクリート柱、鉄柱、鉄塔を用い、それぞれの規格が規定されています。支持物の基礎の強度や木柱、コンクリート柱などの根入れの深さについても規定されています。根入の深さは、全長の6分の1以上となっています。

架空電線の種類・強度・太さ

低圧架空電線には絶縁電線およびケーブルを、高圧架空電線には高圧絶縁電線、特別高圧絶縁電線またはケーブルを使用することとなっています。低圧接地側電線や谷越えなど特殊な場所に施設する高圧架空電線以外は、裸電線を使用することは禁止されています。特別高圧架空電線は、裸電線を使用することができます。

電線が細いと切れるおそれがあります。そのため、電線・ケーブルの最低の強さや太さが規定されています。電線が建造物など他の工作物と接近したり交差したりする場合は、より太い電線を使用する必要があります。

架空電線の地表上の高さについては、接触や誘導作用による感電のおそれがなく、交通にも支障がないように、具体的な高さが規定されています。

電圧の種別による電線の太さ

電圧の種別	市街地外	市街地	備考
300V 以下	直径 2.6mm	直径 3.2mm （絶縁電線は 2.6mm）	低圧
300V を超え 7kV 以下	直径 4.0mm	直径 5.0mm	400V を超える 低圧と高圧
7kV を超え 100kV 未満	断面積 22mm²	断面積 55mm²	
100kV 以上 130kV 未満	断面積 22mm²	断面積 100mm²	特別高圧
130kV 以上	断面積 22mm²	断面積 150mm²	

低圧・高圧架空電線の高さ

施設場所	低圧	高圧
道路の横断	6m以上	6m以上
鉄道・軌道の横断	5.5m以上	5.5m以上
その他の場所	5（4）m以上	5m以上

※道路は、農道その他の交通量の激しくない道路および横断歩道橋を除く
（　）内は、道路以外の箇所に施設する場合または対地電圧 150V 以下の屋外照明用
　のもので交通の支障のないように施設する場合

特別高圧架空電線の高さ

施設場所	35kV 以下	35kV を超え 160kV 以下	160kV を超える
道路の横断	6m以上	6m以上	6+α 以上
鉄道・軌道の横断	5.5m以上	5.5m以上	6+α
その他の場所	5m以上	6（5）m以上	6+α

※αは、使用電圧〔kV〕から 160 を引き 10 で除し、小数点を切り上げた値に 0.12 を乗じた値
（　）内は、人が立ち入らない場所に施設する場合

（(社)日本電気技術者協会資料より）

用語解説　「がいし」：電線とその支持物との間を絶縁するために用いる器具です。一般には電柱・鉄塔などに装着される電力用または電信用のものを指します。電気絶縁性や野外での耐候性、機械的な強度などが求められるため、磁器を素材としているものが大半です。

Part1 電気設備の種類と法律
Part2 電気工事と配線
Part3 電気設備
Part4 照明設備
Part5 電気通信設備
Part6 エレベーターとエスカレーター
Part7 電気設備の安全とメンテナンス

地中電線路工事

地中電線路の種類

　電気配線を地中に埋設するには、管路式、暗きょ式、直接埋設式があります。管路式と暗きょ式の場合は、埋設構造物が車両などの重さに耐える構造としなければなりません。直接埋設式で、車両などの重量をうける場合は、1.2m以上の埋設深さ、その他の場所では0.6m以上の埋設深さとします。重量物の重さをうけるおそれがない場所で、ケーブルの上部を堅牢な板で覆った場合は、埋設深さを0.3m以上とすることができます。

　屋内配線から屋外灯などへの屋外配線を地中に埋設する場合は、直接埋設式になります。

管路式

　鉄筋コンクリート管、鉄管、強化プラスチック管などを埋めて、その中にケーブルを通します。電線路の将来の増設を考慮して布設します。200〜400m程度ごとにマンホールを設けて、ケーブルの引入れや引抜き、接続を行います。

　管の接続部は、胴締めコンクリートを施工して保護します。マンホールは、ケーブルの接続や点検の作業性を考慮して寸法を決めます。また、水が侵入しにくく、内部のたまり水が排除できるようにします。管の上部には、約2mごとに「高電圧線路」、「管理者名」、「埋設年」を表示します。

暗きょ式

　地下に暗きょを施設し、この中に電力ケーブルを配置するものです。防護性が良いので超高圧線路にも使われます。暗きょは、洞道とも呼ばれます。

　電力、通信、電話、ガス、上下水道を一緒に収納する共同溝も暗きょ式です。大きなU字溝を埋め込み、路面レベルに厳重で堅牢な蓋をしたものです。都市部では架空電線の地中化のため、路上キュービクルと組み合わせて使用されます。

　暗きょ内のケーブルは、受棚で支持させる他、受棚上または床面に布設されたトラフに収納します。事故時の他回線への波及防止のため、電力ケーブルには難燃性被服を有するもの、または難燃性の塗装を施したものを使用します。

　規模の大きな暗きょ式地中電線路には、照明、排水、換気設備を設置します。

　最近ではシールド工法による地中掘削が多くなり、円形断面の暗きょが多くなっています。

直接埋設式

　幅200〜350mmの鉄筋コンクリートなどのトラフを布設し、その中にケーブルを収納する方式です。増設計画もなく、事故復旧、引替えなどで掘削が比較的容易なルートで採用されます。直接埋設式でも、道路や軌道の横断箇所などは保守面から管路式が使われます。

Part1 電気設備の種類と法律

Part2 電気工事と配線

Part3 電気設備

Part4 照明設備

Part5 電気通信設備

Part6 エレベーターとエスカレーター

Part7 電気設備の安全とメンテナンス

管路式の例

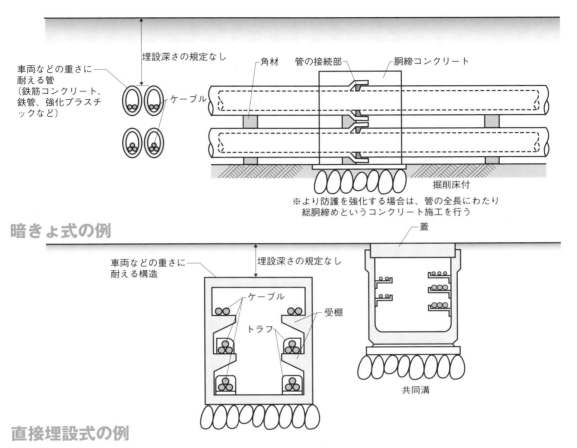

埋設深さの規定なし

車両などの重さに
耐える管
（鉄筋コンクリート、
鉄管、強化プラスチックなど）

ケーブル

角材　　管の接続部　　胴締コンクリート

掘削床付

※より防護を強化する場合は、管の全長にわたり
総胴締めというコンクリート施工を行う

暗きょ式の例

車両などの重さに
耐える構造

埋設深さの規定なし

蓋

ケーブル

受棚

トラフ

共同溝

直接埋設式の例

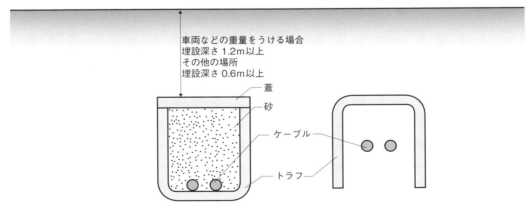

車両などの重量をうける場合
埋設深さ 1.2m以上
その他の場所
埋設深さ 0.6m以上

蓋

砂

ケーブル

トラフ

| 用語
解説 | 「シールド工法」：トンネルを掘る工法の一つです。鋼鉄の筒の中に掘削する機械を入れて、周囲の土砂の崩壊を防ぎながら、前面の土を回転するカッターで少しずつ削り取り前進します。前進と同時に、後方にはセグメントと呼ばれるコンクリートや鋼鉄製の枠を組んでトンネルをつくっていきます。 |

ダクト工事

金属ダクト工事

多数の金属管を使わずに、配線を一つの金属製ダクトにおさめて施設する工事で、幹線などに用いられます。ダクト内の電線の断面積は、ダクトの内断面積の20%以下としなければなりません。鋼板の厚さは1.2mm以上とします。

バスダクト工事

金属製ダクトの中に、銅帯やアルミ帯の導体を固定する工事方法です。裸の導体を離して支持したものと、絶縁物で包み密着させて配置したものがあります。電力幹線用の部材として使用されます。

フィーダーバスダクト、プラグインバスダクト、トロリーバスダクトの3種類があります。フィーダーバスダクトは、プラグインジョイントがなく、キュービクル（P.64）内の変圧器から配電盤への電路に用います。プラグインバスダクトは、側面にプラグの受け口があり、電源を簡単に取ることができます。トロリーバスダクトは、バスダクトの下部を開放し、走行できるトロリーが導入できるようにしたものです。

バスダクトは直線的な敷設を行うのがもっとも効率が良く、曲げを繰り返す施工などには向いていません。

その他のダクト工事

その他のダクト工事には、ライティングダクト、フロアダクト、セルラダクトがあります。

ライティングダクトは、照明器具や小型の電気機器へ、専用プラグを介して電気を供給します。バスダクトの一種で、コンセントが長くつながったものです。どこからでも電源を取ることができます。フロアダクトは、鋼製ダクトに電線やケーブルをおさめて、コンクリートの床に埋め込むものです。ダクトには電源を取り出す穴が設けてあります。セルラダクトは、床材として使用される波形デッキプレートの溝を、配線用ダクトとして使用するものです。

線ぴ工事

線ぴはモールとも呼ばれます。細長い溝と蓋の組み合わせによる配線材料です。金属線ぴと合成樹脂線ぴがあります。

金属線ぴには、メタルモールジングとレースウェイがあります。メタルモールジングは、配線が壁内部を通せない場合などで壁や床に露出配線する際、見た目をすっきりさせるために用います。事務所などでよく見かけます。レースウェイは工場などで用いられ、天井から吊りボルトで吊り下げて使用されます。合成樹脂線ぴはケースウェイと呼ばれます。

幅が5cm以下のものを「線ぴ」と呼び、それ以上のものを「ダクト」と呼んで区別されます。

バスダクトの例

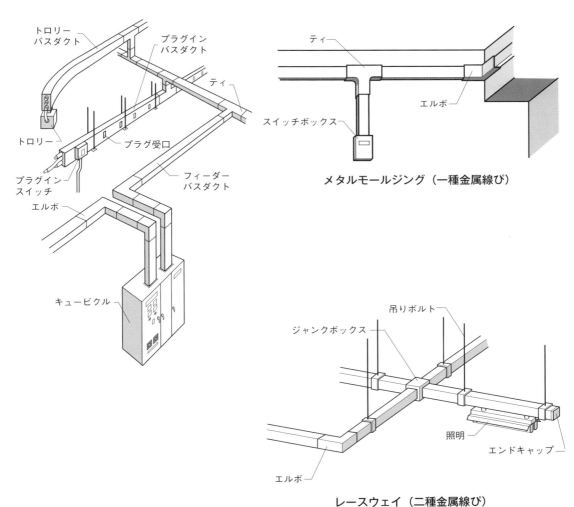

トロリー
バスダクト

プラグイン
バスダクト

ティ

トロリー

プラグ受口

プラグイン
スイッチ

フィーダー
バスダクト

エルボ

キュービクル

金属線ぴの例

ティ

エルボ

スイッチボックス

メタルモールジング（一種金属線ぴ）

吊りボルト

ジャンクボックス

照明

エンドキャップ

エルボ

レースウェイ（二種金属線ぴ）

Part1 電気設備の種類と法律

Part2 電気工事と配線

Part3 電気設備

Part4 照明設備

Part5 電気通信設備

Part6 エレベーターとエスカレーター

Part7 電気設備の安全とメンテナンス

| 用語解説 | 「波形デッキプレート」：鉄骨造の床を構成する波状のプレートです。この上に軽量コンクリートを打って床の下地にします。 |

接地工事

接地工事の種類

接地工事は、電路の一端を地中に埋設した接地極に接続する工事です。異常に電位が上昇したときに、電気を大地に逃がして、作業者などの安全をはかります。感電や火災事故を防ぐための非常に重要な工事です。

接地工事には、Ａ種からＤ種の四つの種類があり、各種接地工事ごとに接地抵抗値の規格が定められています。接地抵抗値が小さいほど電気保安上安全です。

Ａ種接地工事は、高圧または特別高圧電線路の避雷器や高圧用電気機械器具の外箱、人が触れるおそれのある高圧屋内配線の金属管やケーブル被覆の金属体の接地工事です。人が触れる可能性がある場合は、接地線を合成樹脂管で覆うなどの処置を行います。

Ｂ種接地工事は、高圧または特別高圧電線路と低圧電線路を結合する変圧器の低圧側に行う接地工事です。

Ｃ種・Ｄ種接地工事は、住宅やビルなどの低圧屋内配線や電気機械器具の接地工事です。使用電圧が300Vを超える場合はＣ種、300V以下の場合はＤ種となります。

電気機械器具を建物の鉄骨や鉄筋などに接続した場合は、接地工事を行ったとみなすことができます。また、乾燥した場所で取り扱う場合は、危険性が少ないため接地工事を省略することができます。

電気事故を防ぐ保安用接地の他に、雷害防止用接地、静電気障害防止用接地があります。

暗きょ式接地極の埋設

接地極には、銅板、銅棒、鉄管、鉄棒、銅覆鋼板などを用います。なるべく水気があり、酸などによる腐食のおそれのない場所に埋設します。

銅版を使用する場合は、厚さ0.7mm以上、大きさ900cm²以上のものとします。銅棒の場合は、直径8mm以上、長さ0.9m以上とします。鉄管の場合は、外径25mm以上、長さ0.9m以上の亜鉛めっき鉄管などとします。

接地線は非常に大きな電流が流れる可能性があります。細い電線では、焼き切れたり、対地電圧が高くなったりする可能性があります。いずれも感電のおそれがあるため、電線の太さと引張強さが規定されています。

Ａ種接地工事では、引張強さ1.04kN以上の金属線、または直径2.6mm以上の軟銅線とします。Ｂ種接地工事では、引張強さ1.04kN以上の金属線、または直径4mm以上の軟銅線とします。Ｃ種およびＤ種接地工事では、引張強さ0.39kN以上の金属線、または直径1.6mm以上の軟銅線とします。

Part1 電気設備の種類と法律

Part2 電気工事と配線

Part3 電気設備

Part4 照明設備

Part5 電気通信設備

Part6 エレベーターとエスカレーター

Part7 電気設備の安全とメンテナンス

接地工事の種類とその接地抵抗値

接地工事の種類	接地抵抗値
A種接地工事	10Ω
B種接地工事	変圧器の高圧側または特別高圧側の電路の1線地絡電流のアンペア数で150（変圧器の高圧側の電路または使用電圧が35,000V以下の特別高圧側の電路と低圧側の電路との混触により低圧電路の対地電圧が150Vを超えた場合に、1秒を超え2秒以内に自動的に高圧電路または使用電圧が35,000V以下の特別高圧電路を遮断する装置を設けるときは300、1秒以内に自動的に高圧電路または使用電圧が35,000V以下の特別高圧電路を遮断する装置を設けるときは600）を除した値に等しいオーム数
C種接地工事	10Ω（低圧電路において、当該電路に地絡を生じた場合に0.5秒以内に自動的に電路を遮断する装置を施設するときは500Ω）
D種接地工事	100Ω（低圧電路において、当該電路に地絡を生じた場合に0.5秒以内に自動的に電路を遮断する装置を施設するときは500Ω）

※接地工事の種類によって、決められた接地抵抗値がある。危険性が高いところほど、小さい接地抵抗値にするよう決められている

（電気設備の技術基準の解釈第17条より）

A種接地工事の例

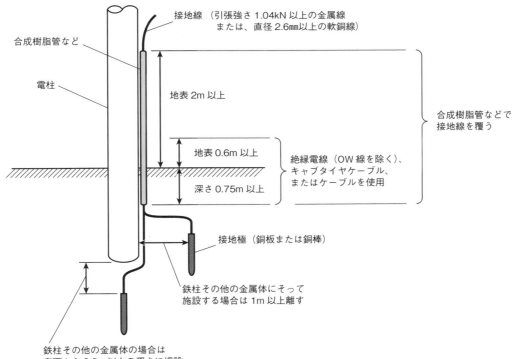

接地線（引張強さ1.04kN以上の金属線または、直径2.6mm以上の軟銅線）

合成樹脂管など

電柱

地表2m以上

地表0.6m以上

深さ0.75m以上

合成樹脂管などで接地線を覆う

絶縁電線（OW線を除く）、キャブタイヤケーブル、またはケーブルを使用

接地極（銅板または銅棒）

鉄柱その他の金属体にそって施設する場合は1m以上離す

鉄柱その他の金属体の場合は底面から0.3m以上の深さに埋設

用語解説　**「人が触れるおそれのある場所」**：屋内・屋外別に、人が触れるおそれのある場所と容易に触れるおそれのある場所が定められています。屋外では、それぞれ地面から2m未満と2.5m未満の高さの位置、屋内では床から1.8m以下、2.3m以下の高さとなっています。

竣工検査

竣工検査と検査項目

竣工時の検査には、自主検査、官庁検査、竣工検査があります。

自主検査は、官庁検査や竣工検査をうける前に、施工者が自ら設計図書のとおりの施工ができているかを確認する検査です。現場の主任技術者や施工会社の検査担当者が検査を行います。①外観検査、②接地抵抗試験（P.56）、③絶縁抵抗試験（P.54）、④絶縁耐力試験（P.54）、⑤保護装置試験、⑥遮断器関係試験、⑦負荷試験、⑧騒音試験、⑨振動試験などを行います。

官庁検査は、建築基準法による建築設備の検査と消防法による防災設備の検査があります。検査を要領よく進めるために、設計図書や施工図、機器製作図を準備しておくことが大切です。

竣工検査は、発注者やその代理人が工事が契約のとおりに完了していることを確認する検査で、引渡検査とも呼ばれます。契約書や設計図書をもとに、外観や機能の確認を行います。竣工検査の前の自主検査で指摘された事項を、きちんと手直ししておくことが必要です。

竣工時の業務

竣工時には竣工検査の他、以下の業務を行います。

(1) 試運転調整
・設計図書に示された機能であることを確認します。

(2) 現場撤去業務
・現場事務所の撤去と残材の片付けを行います。

(3) 書類などの提出
・工事引渡書を提出して受領印をうけます。
・竣工図と工事写真を整理して提出します。
・機器製作図と試験成績書、機器取扱説明書、機器メーカーリストなどを提出します。
・ランプなどの予備品、キュービクルの鍵などを引き渡します。

検電による確認

検電器（P.154）は、その部位が電気を帯びているか否かを判別するための電気計測器です。電線路や電気機器の点検作業を行う際は、安全のために電気を停止させてから行います。検電とは、その停止状態を確認することです。

検電器にはネオン式検電器や、電子式検電器があります。ネオン式検電器は、充電部位に接近させるとネオンランプが発光するものです。電子式検電器は、充電部位に接近させるとランプが点灯し、ブザーを吹鳴するものです。光と音で検電確認を行います。

Part1 電気設備の種類と法律

Part2 電気工事と配線

Part3 電気設備

Part4 照明設備

Part5 電気通信設備

Part6 エレベーターとエスカレーター

Part7 電気設備の安全とメンテナンス

竣工時のおもな検査項目

受電設備のおもな項目	発電設備のおもな項目
1　申請・届出書類との照合確認	1　申請・届出書類との照合確認
2　外観検査	2　外観検査
3　機器の定格・配置・工事内容の確認	3　機器の定格・配置・工事内容の確認
4　接地抵抗試験	4　接地抵抗試験
5　絶縁抵抗試験	5　絶縁抵抗試験
6　絶縁耐力試験	6　耐電圧試験
7　継電器試験（過電流、過電圧、地絡など）	7　継電器試験（過電流、過電圧、地絡など）
8　遮断器関係の動作試験	8　シーケンス試験
9　シーケンス試験	9　保護装置試験
	10　始動停止試験
	11　振動試験
	12　負荷試験および燃料消費率試験

外観検査のおもな確認項目

1	必要な箇所に所定の接地工事が行われているか
2	アークを発生する機器と可燃性物質との間隔（離隔距離）は十分か
3	高圧または特別高圧の機器の充電部が取扱者に容易に触れないように施設されているか
4	電路中必要な箇所には、電路に地気を生じたときに自動的に電路を遮断する装置が施設してあるか
5	変電所またはこれに準ずる場所の架空電線引込口および引出口に避雷器が設置してあるか
6	架空電線路から供給をうける受電電力500kW以上の需要場所の引込口に避雷器はあるか
7	変電所の周りに、さく・へいはあるか。出入口に危険表示はあるか。また、施錠装置はあるか
8	特別高圧電路には、相の別の表示がしてあり、かつ、接地状態を模擬母線などで表示してあるか
9	必要な計測装置が設置してあるか
10	高圧または特別高圧の配電盤の裏面に、取扱者に危険をおよぼさないよう通路が設けてあるか
11	配電盤の照明設備は十分であるか

（（社）日本電気技術者協会資料より）

用語解説	「シーケンス試験」：機器の単体試験終了後に、それぞれの機器が総合的に連動して機能しているかを確認する試験です。保護継電器が動作したときに遮断器が確実に動作すること、警報および表示装置が正常に動作すること、遠隔操作の回路がある場合は、回路の構成および動作状況などを確認します。

絶縁抵抗試験と絶縁耐力試験

電気設備における絶縁とは、電気が流れる部分とその他の部分に、電流が流れていない状態のことです。絶縁状態でない電気機器や電線類に接触すると、人体などを通じて大地に電流が流れて感電状態になります。このような事故を防ぐために、電気機器や電線類の絶縁抵抗が、一定の値を維持するように管理する必要があります。

空気の絶縁抵抗によっても、電線とその他の部分は絶縁することができます。例えば、超高圧送電の鉄塔の電線は、絶縁されていませんが、非常に大きな距離を確保することで、絶縁状態を維持しています。「送電線を登るな」という表示は、落下の危険性だけをいっているのではなく、送電線に接触しなくても、空気の絶縁が人体を介して絶縁破壊され、感電事故が発生するおそれがあるからです。

絶縁抵抗試験

接地工事などの例外を除くと、電路は大地から絶縁しなければならないという原則があります。

絶縁抵抗試験は、電路と大地、電路どうしの絶縁性能を測定するものです。高い絶縁抵抗を保つことで、漏電電流値が小さくなり、人体などへの感電の危険や、漏電火災の危険を低下させます。

絶縁抵抗の値は電気設備技術基準により、電圧ごとに値が規定されています。ただし、この規定の数値は最低限の値で、

新設した場合の電路の絶縁抵抗の正常値は100MΩ以上です。例えば20MΩや10MΩなどの絶縁抵抗値が測定された場合は、ケーブルの性能低下や、接続機器の絶縁劣化などの心配があります。古い建物などで使用されているケーブルや電線は、絶縁抵抗が悪化していることがあり、そのようなケーブルは使用禁止にして交換します。

絶縁耐力試験

絶縁耐力試験は、現場に設置された電力機器の絶縁が、電路の常規電圧および電路の事故時や電路の遮断時に発生する異常電圧に対して、十分耐えることができるかを確認するために行うものです。

低圧電路の絶縁性能は、絶縁抵抗の値で定められていますが、高圧以上では耐電圧値で規定されています。高圧または特別高圧電路などで、1,000 ～ 2,000Vの絶縁抵抗計（P.156）による測定値はあくまで参考程度にしかならず、確実な絶縁判定は、耐電圧試験によらなくてはなりません。

耐電圧試験機を測定対象に結線して、試験電圧を供給し、10分間電圧をかけてデータ測定を行います。試験電圧は最大使用電圧の1.5倍とし、最低500Vを通電します。最大使用電圧は定格電圧の1.15倍、試験電圧は最大使用電圧の1.5倍とします。絶縁耐力試験は高圧以上の機器についてすべて実施します。

Part1 電気設備の種類と法律

Part2 電気工事と配線

Part3 電気設備

Part4 照明設備

Part5 電気通信設備

Part6 エレベーターとエスカレーター

Part7 電気設備の安全とメンテナンス

低圧電路の絶縁性能

電気の使用電圧区分		絶縁抵抗値
300V以下	対地電圧（接地式電路においては電線と大地との間の電圧、非接地式電路においては電線間の電圧をいう）が150V以下の場合	0.1MΩ
	その他の場合	0.2MΩ
300Vを超えるもの		0.4MΩ

（電気設備技術基準第58条より）

電路の絶縁試験電圧

	電路の種類	試験電圧
一	最大使用電圧が7,000V以下の電路	最大使用電圧の1.5倍の電圧
二	最大使用電圧が7,000Vを超え、15,000V以下の中性点接地式電路（中性線を有するものであって、その中性線に多重接地するものに限る）	最大使用電圧の0.92倍の電圧
三	最大使用電圧が7,000Vを超え、60,000V以下の電路（二左欄に揚げるものを除く）	最大使用電圧の1.25倍の電圧（10,500V未満となる場合は10,500V）
四	最大使用電圧が60,000Vを超える中性点非接地式電路（電位変成器を用いて接地するものを含む。八左欄に揚げるものを除く）	最大使用電圧の1.25倍の電圧
五	最大使用電圧が60,000Vを超える中性点接地式電路（電位変成器を用いて接地するもの並びに六左欄および七左欄および八左欄に揚げるものを除く）	最大使用電圧の1.1倍の電圧（75,000V未満となる場合は75,000V）
六	最大使用電圧が170,000Vを超える中性点直接接地式電路（七左欄および八左欄に揚げるものを除く）	最大使用電圧の0.72倍の電圧
七	最大使用電圧が170,000Vを超える中性点直接接地式電路であって、その中性点が直接接地されている発電所または変電所もしくはこれに準ずる場所に施設するもの	最大使用電圧の0.64倍の電圧
八	最大使用電圧が60,000Vを超える整流器に接続されている電路	交流側および直流高電圧側に接続されている電路は、交流側の最大使用電圧の1.1倍の交流電圧または直流側の最大使用電圧の1.1倍の直流電圧
		直流側の中性線または帰線となる電路（直流低圧側電路）は下記の計算式により求めた値

八の規定による直流低圧側電路の絶縁試験電圧の計算方法は次のとおりとする

$E = V \times (1 / \sqrt{2}) \times 0.5 \times 1.2$

Eは、交流試験電圧〔V〕

Vは、逆変換器転流失敗時に中性線または帰線となる電路に現れる交流性の異常電圧の波高値〔V〕

ただし、電線にケーブルを使用する場合の試験電圧は、Eの2倍の直流電圧とする

（電気設備の技術基準の解釈第15条より）

ワンポイントアドバイス　35,000Ｖを超える特別高圧架空電線の高さは、山地で人が容易に立ち入らない場所では、地表面上5m以上、その他の場合は6m以上となっています。160,000Ｖを超える場合はさらに高くなります。

接地抵抗試験

接地抵抗の値は、電気設備を使用する期間中、決められた数値以下に保たなければなりません。

接地抵抗試験

接地電極から大地へ接地電流が流れると、接地電極の電位が周辺の大地より高くなります。この電位上昇と接地電流の比を、その接地電極の接地抵抗といいます。つまり、土壌に接した電極から大地に流れる電流に対する抵抗です。大地抵抗率の概算値として100Ω·mが使われています。

接地抵抗は季節変化があります。2月ごろが最大で、8月ごろ最小になり、その変化幅は25%程度といわれています。

接地抵抗計による測定

接地抵抗計は、接地極として使用する各種導体に対する接地抵抗を測定する機器のことです。市販されている接地抵抗計は、0Ω～1000Ωの測定ができるものが一般的です。

測定には、交流電圧を使用します。接地電極が埋設される表層付近の土壌は、腐食有機物の混入などのため、電解質的な性質をもっています。

直流電流を流すと、水や塩水を電気分解するのと同じようなことが土の中の水分で起こり、電極で水素や酸素や塩素の泡が発生して、最初は多くの電流が流れていても、次第に電流が流れにくくなり

ます。そのため、接地抵抗は交流電源で測定します。

接地抵抗計は、直読式接地抵抗計を用いるのが一般的です。測定接地極と直列に並ぶ任意の2点に補助電極を打ち込み、測定を行います。測定接地極と電位測定補助極の電位差を、測定電流で除して抵抗値を求めます。

直読接地抵抗計の補助電極は、相互の影響を避けるために、測定する接地電極と電位測定補助極間、電位測定補助極と流電補助極間をそれぞれ10m程度とします。

補助電極は20cm以上地中に打ち込みます。

メッシュ接地

鉄道や変電所など大規模に接地を行った場合の接地抵抗を測定する場合は、別の測定方法を採用します。

発変電所などでは雷害対策上、構内の対地電位を常に均等に保つ必要から、地下50cm程度に裸銅線を網状に張り巡らすメッシュ接地を施し、さらに、メッシュに接地電極を打ち込んで接続しています。

メッシュ接地では接地電極が広大なため、一般的な測定方法では誤差が大きくなります。そこで、メッシュ接地から十分離れた箇所との電位差から、総体的な接地抵抗を求める必要があります。

Part1 電気設備の種類と法律

Part2 電気工事と配線

Part3 電気設備

Part4 照明設備

Part5 電気通信設備

Part6 エレベーターとエスカレーター

Part7 電気設備の安全とメンテナンス

大地の抵抗率

地点	抵抗率（Ω・m）
水田湿地（粘土質）	～150
畑地（粘土質）	10～200
水田・畑（表土下砂利層）	100～1,000
山地	200～2,000
山地（岩盤地帯）	2,000～5,000
河岸・河床跡（砂利玉石積）	1,000～5,000

（(社)日本電気技術者協会資料より）

接地抵抗計の仕組み

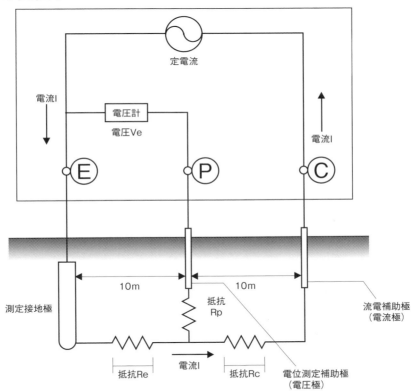

1. Ⓔ とⒸ の間に電流Iを流す
2. Ⓔ と⒫ の間の電圧Veを測定
3. 抵抗Rpに電流は流れないため、
   Re＝Ve／I
   となり、接地極の抵抗値Reが測定される

ワンポイント アドバイス	接地線の色は、国際規格で緑／黄色のしま模様の線と定められています。日本では、内線規定で緑色または緑／黄色のしま模様の線を使うか、それ以外の線を使うときは緑色の標識を付けるように定められています。

スマート グリッド

　スマートグリッドとは、家庭や工場などの電力消費地を光ファイバーなどのネットワークと結び、最新の電力技術とIT技術を駆使して、効率良く電気を供給することができる電力網です。

　現状の電力計の代わりに「スマートメーター」という機器をすべての家庭やオフィスなどに設置して、消費電力などの情報を電力会社にリアルタイムに転送します。そうすると、電力会社は供給先エリアの詳細な電力消費量を把握し、正確な電気消費量予測を立てることができます。発電所側では、リアルタイムな需要に応じてきめ細かな発電を行えるので、これまでのような無駄な発電を行う必要がなくなります。

　また、太陽光発電のような自然エネルギーは、その発電量が時々刻々と変化する特徴があります。できるだけ多くの自然エネルギー由来の発電システムどうしを連接して、発電電力量を平均化できれば、蓄電池容量を減らせ、維持管理も簡単になります。

　スマートグリッドを整備することで、家庭やオフィス、工場などに自然エネルギー発電を導入しやすくなるため、地域で必要な電力を消費地で生産することができるようになります。

電気設備

建物にはさまざまな電気設備が用いられています。最近では、地球環境問題を考慮して、自然エネルギーを利用した発電設備も設置されています。

電力の供給

ビルや工場では、電力会社から高圧の電力の供給を受け、設備に適した電圧への変換を行っています。受電点から変圧器一次側までが受電設備、変圧器の二次側から配電設備までが変電設備となります。

供給規定

電力会社は地域ごとにあり、その地域の需要家への供給義務を負っています。また、需要家を公平に扱い、料金を適正に決めなければなりません。

電気事業法では、一般電気事業者は正当な理由がなければ、その供給区域における一般の需要に応ずる電気の供給を拒んではならない（第17条）。一般電気事業者は、一般の需要に応ずる電気の供給に係る料金その他の供給条件について、経済産業省令で定めるところにより、供給約款を定め、経済産業大臣の認可をうけなければならない（第18条）。と定められています。

電力需要は、景気動向や一般家庭の生活スタイルの変化など多くの影響をうけます。また、電力供給系統の構築には多額の投資が必要です。電力設備の整備には、認可制度や補助金などで国が大きく関与しています。

供給電圧

一般の住宅や小さい事務所などの一般電気工作物には、単相3線式100Vまたは、単相3線式100Ｖ／200V、三相3線式200Vで供給されます。大きな事務所や工場、商業施設などの自家用電気工作物には、三相3線式6kV、20kV、60kVなどの高い電圧で供給されます。

電力自由化

日本では1950年の電気事業再編成以来、地域ごとの電力会社が、各地域で独占的に電力の供給を行ってきましたが、電気料金の引き下げや電気事業の効率化を目的として、電力自由化が進められています。

具体的には、①誰でも電力供給事業者になることができる発電の自由化、②どの供給事業者からでも電力を買える小売の自由化、③誰でもどこへでも既設の送・配電網を使って、電気を送・配電できる送・配電の自由化、④既存の電力会社の発電部門と送電部門を切り離すことで競争的環境を整える発送電分離、⑤電力卸売市場の整備などがあります。

電力小売り自由化は実現しましたが、発送電分離については、「電力の品質が安定しない」などを理由に、電力業界が抵抗し、新規参入は進んでいません。特定規模電気事業者として電力の直接販売に乗り出した企業もありますが、大半の企業は電力を自家発電して消費しているにすぎません。原発事故をきっかけに議論が行われています。

電気事業制度

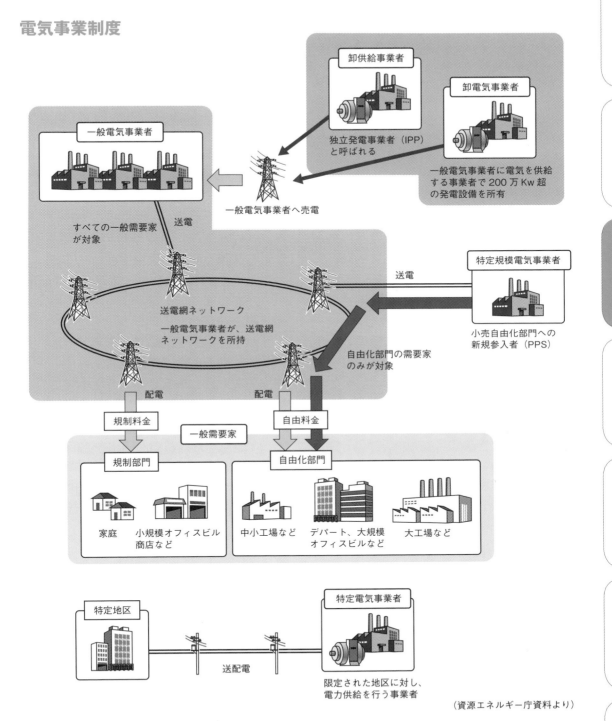

（資源エネルギー庁資料より）

用語解説	「電力流通」：需要家に適切な電力を供給するため、システムの構築とその運用を行うことです。

Part1　電気設備の種類と法律

Part2　電気工事と配線

Part3　電気設備

Part4　照明設備

Part5　電気通信設備

Part6　エレベーターとエスカレーター

Part7　電気設備の安全とメンテナンス

受変電設備

受変電設備の種類

受電設備は開放形と閉鎖形があります。開放形は、配電盤、遮断器、変圧器などをフレームに取り付けたものです。機器や配線を直接確認することができるので、点検が容易ですが、露出部が多いため危険でもあります。そのため、関係者以外の立入を禁止し、金網で覆います。

閉鎖形はキュービクル式と呼ばれ、器や配線が金属箱におさめられているため、感電の危険が少なく安全です。比較的自由に設置や移動を行うことができます。工場で組み立てて現場に設置するため、工期も短縮できます。

開放形高圧受変電設備

高圧で引き込んだ電気は、変圧器の他に配電線から雷が侵入するのを防ぐ装置や、変圧器の故障や漏電などのときに、事故が波及しないように遮断する装置も必要です。高圧受変電設備は以下の機器から構成されます。

(1) 計器用変成器

計器用変成器は、高電圧・大電流を低電圧・小電流に変成して電気計器に伝えるものです。計器用変圧器(VT)、交流器(CT)、計器用変圧交流器(VCT)などがあります。

(2) 保護継電器

保護継電器は電路事故が起こったとき、電気量を調べて遮断器(CB)を動かして他の設備へ事故がおよばないようにするものです。過電流継電器(OCR)、地絡継電器(GR)があります。

(3) 高圧遮断器

保護継電器と組み合わせて電気回路を保護します。真空遮断器(VCB)、油入遮断器(OCB)、磁気遮断器(MBB)があります。

(4) 断路器(DS)

高圧電路を開閉する機器です。

(5) 高圧交流負荷開閉器(LBS)

電力ヒューズと組み合わせて、回路の開閉に使用されます。

(6) 電力ヒューズ(PF)

過電流が流れると回路を遮断します。

(7) 避雷器(LA)

雷などで瞬間的に異常な電圧が発生したとき、電気を大地に流して設備を保護します。

(8) 配線用遮断器(MCB)

過負荷や短絡のときに自動的に回路を遮断します。手動操作もできます。

(9) 漏電遮断器(ELCB)

配線用遮断器と基本的には同じです。

(10) 電磁接触器(MC)

電動機の始動、停止に用いられます。

(11) 変圧器(T)

配電電圧を負荷に適した電圧に変換するものです。

(12) 進相コンデンサ(SC)

電動機などで遅れ電流を進み電流で相殺して力率を改善するものです。

開放形高圧受変電設備を構成するおもな機器

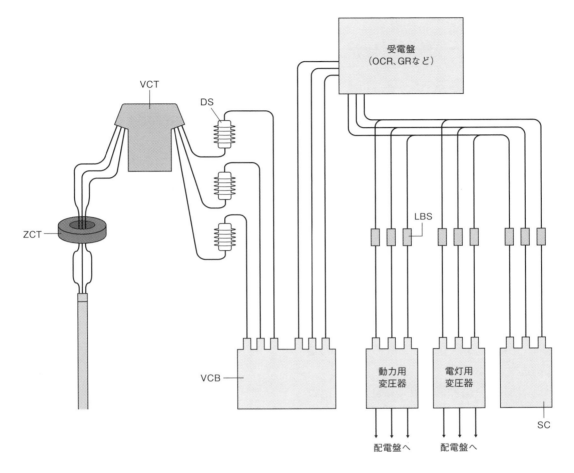

ZCT：零相変流器 LBS：高圧交流負荷開閉器
VCT：計器用変圧変流器 SC ：進相コンデンサ
DS ：断路器 OCR：過電流継電器
VCB：真空遮断器 GR ：地絡継電器

Part1 電気設備の種類と法律

Part2 電気工事と配線

Part3 電気設備

Part4 照明設備

Part5 電気通信設備

Part6 エレベーターとエスカレーター

Part7 電気設備の安全とメンテナンス

用語 解説	**「地絡事故」**：電線路に対する、樹木やクレーンのアームなどの接触や、飛来物や野生動物の接触によって、電気回路と大地が電気的に接続され、令相電流が流れる事故のことです。令相電流とは、回路外に漏れた電流のことです。

キュービクル

キュービクル式高圧受電設備

キュービクル式高圧受電設備は、電気事業者から高圧で受電するための機器および変圧器、コンデンサ（P.68）、その他の保安装置などの機器一式を、一つの金属製の外箱におさめた受電設備です。略してキュービクルと呼びます。

主遮断装置の種類により、CB形とPF-S形に分かれます。CB形は主遮断装置に遮断器（CB）を用い、過電流継電器（OCR）、地絡継電器（GR）などの保護継電器と組み合わせて、異常電流を遮断します。受電設備容量4,000kVA以下の場合に用いられます。

PF-S形は主遮断装置に、高圧限流ヒューズ（PF）と高圧交流負荷開閉器（LBS）を組み合わせて用います。短絡電流のような大きな電流はPFで遮断しますが、一度遮断するとヒューズの交換が必要です。受電設備容量300kVA以下の場合に用いられます。

機器類を極力簡素化して外箱におさめているため、所要床面積が少なくてすみます。また、地下室、屋上、構内の一部などに簡単に設置できるため、専用の部屋が不要です。接地された金属製の外箱の中に機器一式が収納されているため、安全性が高くなります。

据付けの注意点

キュービクルを設置する場合は、安全確保や性能低下防止のため、以下のような点に注意します。

①キュービクルと周囲との距離を十分にとり、点検スペースを確保します。
②床面が水平になるように据付け、キュービクル内に浸水した場合、排水できるようにします。
③基礎を強固にして、地震時の移動や転倒を防止します。
④ねずみや蛇などの小動物の侵入を防ぐために、換気口の大きさに注意します。
⑤設置時は、風向きを考慮します。
⑥屋上に設置する場合は、風雨や氷雪の被害をうけないようにします。

認定キュービクル

認定キュービクルは、（社）日本電気協会の認定制度による「キュービクル式高圧受電設備推奨規定」の基準を満たしたキュービクルのことです。消防用設備などに供給する非常電源を確保することを目的としており、JIS規格よりも高い水準が求められています。認定キュービクルは、消防法令における設備等技術基準に適合しているものとみなされ、認定品には認定銘板が貼付されます。

高圧または特別高圧で受電する非常電源専用受電設備を屋外や屋上などに設置する場合は、建築物からの離隔距離を3m以上確保しなければなりませんが、認定キュービクルの場合は、これより短い距離に緩和できる場合があります。

キュービクルの外観

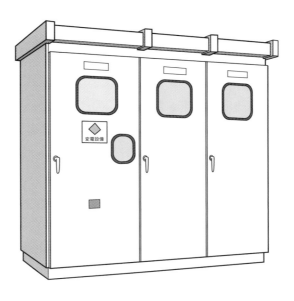

変電設備

キュービクルの内部

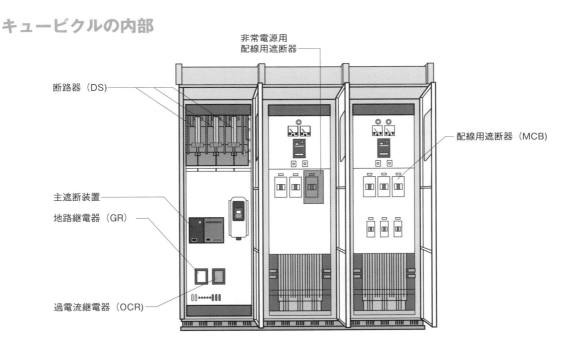

非常電源用
配線用遮断器

断路器（DS）

配線用遮断器（MCB）

主遮断装置

地路継電器（GR）

過電流継電器（OCR）

トラブル事例

　キュービクルは、ビルの屋上など風雨をさえぎる建造物がない場所に設置されることがよくあります。機器が金属箱におさめられていますが、吹き上げ風や台風など想定以上の暴風雨により、キュービクル内へ雨や雪が浸入してトラブルになる事例があります。隙間にパッキンを取り付ける、雨返し部分にカバーを付けるなどの対策を行います。

Part1 電気設備の種類と法律

Part2 電気工事と配線

Part3 電気設備

Part4 照明設備

Part5 電気通信設備

Part6 エレベーターとエスカレーター

Part7 電気設備の安全とメンテナンス

変圧器

変圧器は交流電力の電圧の高さを、電磁誘導を利用して変換する電力機器です。電気を効率的に送るために使用されます。

発電された電気を、発電所内の変圧器で適切な電圧に昇圧して送電し、途中の変電所や需要家側の変圧器で、所要の電圧に降圧します。電力会社から供給される66kVや20kVの高い電圧を、建物内で使いやすいように100Vや200Vの電圧に降圧しています。

高圧配電に使用する変圧器は、需要家が自らの設備として設置する変圧器と、電力会社が一般家庭に200V／100Vで配電する柱上変圧器があります。変圧器によって電圧を変更することを変圧といい、電圧を上昇させることを昇圧、逆に下降させることを降圧といいます。

変圧器の構造

変圧器は、ケイ素鋼板という材質でつくられた環状鉄心に、絶縁された2つの電線を巻きつけています。一次の巻線（一次コイル）に交流電圧を加えると、鉄心の中には時間とともに大きさと方向が変化する交番磁束が発生します。そうすると、二次巻線側（二次コイル）に電磁誘導により交番電圧が発生します。

一次電圧 V_1 と二次電圧 V_2 の比を変圧比といい、一次巻数 N_1 と二次巻数 N_2 の比を巻数比または変成比といいます。

V_1：1次側電圧　　V_2：2次側電圧
N_1：1次側巻数　　N_2：2次側巻数

のとき、$V_2／V_1＝N_2／N_1$ となります。例えば、1次側に1,000回、2次側に100回巻きつけていれば、

$V_2＝100／1,000×V_1＝1／10×V_1$

ですから、2次電圧は1次電圧の10分の1となります。

変圧器の種類

(1) 油入変圧器

鉄心と巻線が絶縁油の中におさめられていて、絶縁油は絶縁と冷却の役目を果たします。外箱の周囲が波型状やパイプ状となっており、放熱の働きをしています。もっとも一般的な変圧器です。

(2) モールド変圧器

巻線部分をエポキシ樹脂の絶縁物でモールドした変圧器です。不燃性で高絶縁・低損失・軽量などの特徴があります。

(3) H種乾式変圧器

表面をワニス塗布した乾式変圧器です。モールド変圧器の普及により生産量が減少しています。

(4) ガス絶縁変圧器

鉄心と巻線が、不活性ガスを封入した器内に収納された変圧器です。一般に不活性ガスには、六ふっ化硫黄（SF_6）ガスが用いられ、特に防災が重要視される場所に用いられます。

変圧器の原理

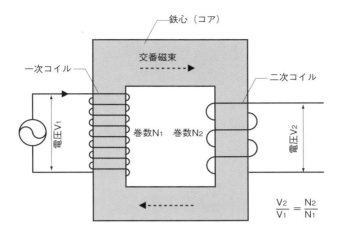

鉄心（コア）

交番磁束

一次コイル

二次コイル

電圧V₁

巻数N₁ 巻数N₂

電圧V₂

$$\frac{V_2}{V_1} = \frac{N_2}{N_1}$$

油入変圧器の構造

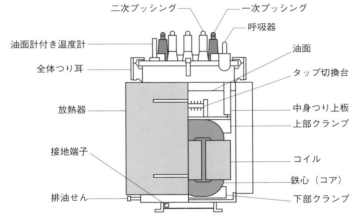

二次ブッシング 一次ブッシング

呼吸器

油面計付き温度計

全体つり耳

放熱器

接地端子

排油せん

油面

タップ切換台

中身つり上板

上部クランプ

コイル

鉄心（コア）

下部クランプ

変圧器の種類

変圧器 ── 油入変圧器
　　　 ── 乾式変圧器 ── モールド変圧器
　　　 　　　　　　　 ── H種乾式変圧器
　　　 ── ガス絶縁変圧器

用語解説	**「変成器」**：電磁誘導を利用して複数の巻線の間でエネルギーの伝達を行う電子部品です。トランスとも呼ばれます。変圧器と構造、動作原理はほぼ同じです。

Part1 電気設備の種類と法律
Part2 電気工事と配線
Part3 電気設備
Part4 照明設備
Part5 電気通信設備
Part6 エレベーターとエスカレーター
Part7 電気設備の安全とメンテナンス

コンデンサ

コンデンサは、絶縁体を介した2枚の電気伝導体平板で構成されています。これに直流電圧を加えることで、電気エネルギー（電荷）を蓄えることができます。電荷を蓄積する能力の大きさを静電容量（キャパシタンス）といいます。

電力系統では力率改善のために用いられ（進相コンデンサ）、その他に電源回路や電子回路などにも使われています。

コンデンサの原理

コンデンサ内の絶縁体は、電気を通さないため、電荷が分子に留まって自由に移動できません。そのため、分子に留まった電荷が分極現象を起こします。分極とは、一箇所にあった正負の電荷が互いに離れ、一つの分子の中に正電荷をもった部分と、負電荷をもった部分が出現する現象です。これによって、コンデンサは電荷を蓄積することができます。分極の度合いを示す指標が、誘電率です。

コンデンサに直流電圧をかけると、電源から流入した電荷が極板に蓄積されます。加えた電圧に応じた電荷が蓄積されると、それ以上に電荷は蓄積されず、電流も流れません。そのためコンデンサは直流電圧に対しては、絶縁体となります。

ところが、交流は電圧の方向が反転するので、一度、極板に蓄積された電荷が電源に戻っていきます。そのため、コンデンサに交流電圧を加えると、周波数に応じた電流が流れるように見えます。

コンデンサの種類

(1) 単板型

二枚の平行平板からなります。面積を広く取れないため、大型になります。

(2) 旋回型（巻き型）

二枚の電気伝導体箔と誘電体膜を交互に重ねて巻き込んだものです。

(3) 積層型

極板を形づくる導電性の層と誘電体の層を所定の容量になるまで交互に重ね、両端に電極を付けたものです。

(4) 貫通型

電極のうち、一方の極板に対してもう一方の極板と平行な方向に電流を通せるよう、一つの極板に端子を少なくとも2個以上設けたものです。

(5) 管形

電気伝導体の軸の周りに誘電体の管をつくり、その外側に電気伝導体の管を形成して同軸構造としたものです。

(6) チップ形

積層形コンデンサの直方体の平行する二面に一枚の極板へつながる電極を設け、残りの任意の面にもう一方の極板につながる電極を設けてあるものです。

(7) 電解型

電気伝導体の表面に化学的に酸化皮膜による誘電体層を形成し、電解液に浸したものです。比誘電率が大きいため、大容量が得られます。

Part1 電気設備の種類と法律

Part2 電気工事と配線

Part3 電気設備

Part4 照明設備

Part5 電気通信設備

Part6 エレベーターとエスカレーター

Part7 電気設備の安全とメンテナンス

コンデンサの原理

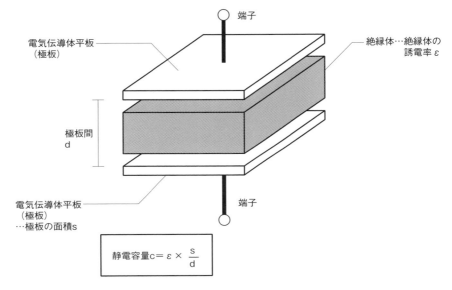

端子

電気伝導体平板
（極板）

絶縁体…絶縁体の
誘電率 ε

極板間
d

電気伝導体平板
（極板）
…極板の面積s

端子

$$静電容量 c = \varepsilon \times \frac{s}{d}$$

静電容量を決める要因

要　　因	特　　性
極板の面積	面積が広いほど電荷が溜まる
極板間の距離	距離が近い（間が狭い）ほど、電荷が溜まる
誘電率	誘電率が大きいほど、電荷が溜まる

用語解説	**「力率改善」**：ビルや工場の受変電設備では、モーター類による力率の遅れを改善するために進相コンデンサを設置します。力率とは、交流の場合の電圧と電流のずれのことです。ずれがないと効率が良くなります。

非常用電源

非常用電源の種類と義務

非常用電源は、火災や災害の際に消防設備や防災設備などへ電源を供給するためのものです。非常用電源には、非常電源専用受電設備、自家発電設備（P.72）、蓄電池設備があります。

消防法の規定により、一定規模以上の建物には、自動火災報知設備や消火栓、スプリンクラー設備が設けられています。また、建築基準法では、排煙設備や非常用照明（P.108）などが規定されています。これらの設備は、停電時や災害時にも支障なく機能する必要があるため、非常用電源の設置が義務づけられています。

建築基準法は予備電源、消防法では非常電源と呼ばれますが、それぞれの法律の定める範囲で共有することができます。

非常用電源は、①非常用電源自体の防火性能、②十分な容量確保、③非常電源回路の確保、④適切な設置場所の選定、などに留意しなければなりません。

非常用電源の外箱は、屋外用は2.3mm以上、屋内用は1.6mm以上の板厚の鋼板となっていて、防火戸相当の防火性能をもっています。非常用電源の容量は、電気を供給する消防設備などの合計容量以上であり、それぞれの設備ごとに定められた作動継続時間以上の連続運転が可能なものでなければなりません。非常用電源は、不燃材料で区画された部屋内に施設するのが一般的です。

非常電源専用受電設備

非常電源専用受電設備は、消防設備が確実に稼働するように、他の回路によって遮断されないようにします。自家発電設備や蓄電池設備を設置しない場合に、一定の要件を満たす受変電設備を非常用電源として用います。

非常電源専用受電設備は、災害時に被害を受けにくいような構造になっています。防災時に電力を供給する非常電源回路が他の機器や配線と隔離されていること、一般機器への電力供給が遮断されても非常電源回路が遮断されないようになっていることなどです。

蓄電池設備

蓄電池設備は、蓄電池と充電装置などから構成されます。キュービクル式とキュービクル式以外のものがあります。自動的に充電され、常用電源停電時には無瞬断で電気を供給できる回路となっています。蓄電池は、鉛蓄電池やアルカリ蓄電池などがあります。

蓄電池は誘導灯や自動火災報知設備などのように、機器ごとに専用の蓄電池を設置する場合と、1万㎡を超えるような大規模な建物の非常用照明などで、一箇所にまとめて設置する場合があります。

Part1 電気設備の種類と法律

Part2 電気工事と配線

Part3 電気設備

Part4 照明設備

Part5 電気通信設備

Part6 エレベーターとエスカレーター

Part7 電気設備の安全とメンテナンス

非常用電源の種類

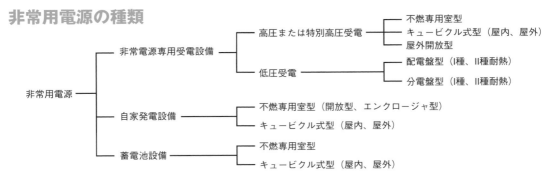

防災設備ごとの非常電源適用規定（消防法）

防災設備	非常電源専用受電設備	自家発電設備	蓄電池設備	運転時間
屋内消火栓設備	△	○	○	30分以上
スプリンクラー設備	△	○	○	
水噴霧消火設備	△	○	○	
泡消火設備	△	○	○	
不活性ガス消火設備		○	○	60分以上
ハロゲン化物消火設備		○	○	
粉末消火設備		○	○	
屋外消火栓設備	△	○	○	30分以上
自動火災報知設備	△		○	10分以上
ガス漏れ火災警報設備			○	
非常警報設備	△		○	
誘導灯			○	20分以上※
排煙設備	△	○	○	30分以上
加圧送水設備	△	○	○	120分以上
非常コンセント設備	△	○	○	30分以上
無線通信補助設備	△		○	

○：適用可
△：「特定用途防火対象物以外」と「1,000m²未満の特定用途防火対象物」に適用可
※50,000m²以上の建物、地上15階以上で30,000m²以上の建物、1,000m²以上の地下街などの誘導灯
　は、60分以上となり、20分を越える部分は、自家発電設備でカバーしてもよい

防災設備ごとの予備電源適用規定（建築基準法）

防災設備	自家発電設備	蓄電池設備	自家発電設備＋蓄電池設備	運転時間
非常用照明（建物）		○	○	30分以上
非常用照明（地下街）	○	○		
非常用進入口表示灯		○		
排煙設備	○	○		
非常用エレベーター	○			60分以上
防火設備（防火扉など）	○	○		30分以上
非常用排水設備（地下道）	○	○		

○：適用可

用語解説　**「スプリンクラー設備」**：火災発生時、自動的に大量の散水で消火を行う設備です。火災で大きな損失をうけるおそれのある大倉庫・工場、消火が困難な高層建築物や地下街、大量の人命に関わる福祉施設、病院、ホテル、百貨店などに設置されます。

自家発電設備と無停電電源設備

自家発電設備の分類

　自家発電設備は、常用の電源が遮断された際に、発電機を稼働して電源を供給する設備です。停電以外の通常時に使う常用自家発電設備と、停電のときだけ使う非常用自家発電設備があります。常用自家発電設備を非常用自家発電設備と兼用することもあります。

　常用・非常用兼用自家発電設備は、平常時は電力会社から供給される電力と連係して稼働しますが、火災などで停電が起きた際には、一般の機器への電力供給を遮断して、防災設備や重要機器だけに電気を供給します。

　自家発電設備は、原動機や発電機、制御装置などにより構成されており、原動機で熱エネルギーなどを力学的エネルギーに変換し、発電機で力学的エネルギーを電気エネルギーに変換します。

　原動機としては、ディーゼルやガスタービンが多く使われています。燃料タンクや冷却水、給排気のためのポンプなども必要です。発電機としては、三相同期発電機が多く使われています。

　同期発電機とは、界磁のつくる磁界が電機子巻線を横切る回転速度に同期した電力を発電する交流発電機です。周波数が回転数によって決まるため、原動機の速度がつねに同期速度を保つように制御しなければなりません。三相同期発電機は、三相交流を発生するのに用いられます。

UPSの役割

　UPSは無停電電源装置です。非常用自家発電設備や蓄電池設備では、停電してから電気が再び供給されるまでに一定の時間がかかります。コンピュータの電源が切れたことでデータが失われたり、工場の機械が突然止まって事故が発生したりすることが心配される場合に、UPSを用います。電力会社の事故で、一瞬、電圧が低下してしまうような場合にも有効です。

　ただし、UPSは短時間の停電や一瞬の電圧低下をバックアップするものなので、停電後、無停電電源装置から電力の供給が続いている間に、コンピュータなどの重要機器の使用を終了させるといった措置が必要です。日本の電力事情は安定しており、停電や電圧異常を感じることはほとんどありません。しかし、自然災害や設備の点検・工事にともなう電源切替で発生する電圧変動や停電などの危険性は、完全にはなくすことはできません。適切な対策をすることが必要です。

UPSの仕組み

　UPSは、整流器、インバータ、蓄電池などから構成されています。通常は、電力会社から供給される電力で蓄電池を充電しておき、停電時には瞬時に蓄電池からの電力供給に切り替えます。

三相同期発電機の仕組み

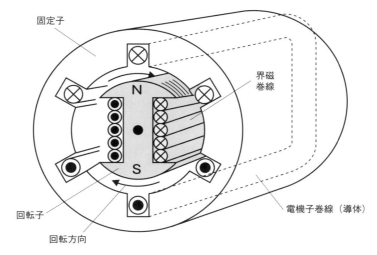

固定子

界磁
巻線

N

S

回転子

回転方向

電機子巻線（導体）

自家発電設備の分類

	平常時	停電時
常用	運転	停止
常用・非常用兼用	運転	運転
非常用	停止	運転

UPSの電源供給ルート

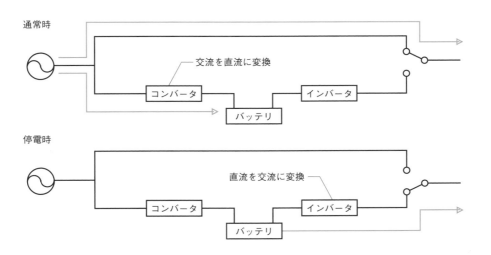

通常時

交流を直流に変換

コンバータ

バッテリ

インバータ

停電時

直流を交流に変換

コンバータ

バッテリ

インバータ

Part1 電気設備の種類と法律

Part2 電気工事と配線

Part3 電気設備

Part4 照明設備

Part5 電気通信設備

Part6 エレベーターとエスカレーター

Part7 電気設備の安全とメンテナンス

用語 解説	**「自家発電設備の区分け」**：常用自家発電は、①発電専用（電気のみ供給）、②熱電供給（コージェネレーション）（電気と廃熱を供給）、③常用・防災兼用（P.72）の3つに区分けすることができます。

再生可能エネルギー

再生可能エネルギーの種類

　環境保護、省エネルギーのためにクリーンな再生可能エネルギーの開発と実用化が進められています。

　再生可能エネルギーとしては、自然エネルギーやリサイクルエネルギーを利用する太陽光発電、太陽熱利用、風力発電、バイオマス発電、廃棄物発電、燃料電池などがあります。

　太陽光発電、風力発電、燃料電池などは、分散電源として実用化されています。

　発電電力量で見ると、2021年度の電源構成は、火力72.9%、再生可能エネルギー 20.3%、原子力6.9%となっています。

バイオマスエネルギー

　バイオマスエネルギーとは、バイオマスを原料として得られるエネルギーのことです。バイオマスの種類には、廃棄物系バイオマスと栽培作物系バイオマスがあります。

　単に燃やすだけのエネルギーから、化学的に得られたメタンやメタノールなどで自動車を動かしたり、発電に利用したりするエネルギーまで、利用分野が広がっています。バイオマスエネルギーを活用すると、牛3頭の1日分のふん尿で、1家庭の1日分の電力がまかなえる程度の発電が可能となります。また、サトウキビ1トンで自動車の燃料に使えるエタノールを0.2トン生産することができます。バイオマスエネルギーは、CO_2バランスを壊さない永続性のあるエネルギーといわれています。

地熱発電

　地熱発電は、地下深部に浸透した雨水が地熱によって加熱され、高温の熱水として貯えられている地熱貯留層から、地上に熱水・蒸気を取り出して、タービンを回し電気を起こすシステムです。地熱発電は第2次石油ショックを契機に増加しましたが、近年、リードタイムが長いこと、開発コストが高いことなどから設置が停滞しています。2023年度4月時点で、地熱発電所は23地点となっています。

問題点

　発電所からの電気だけでなく、工場やビル、病院などその場にも発電設備を設置して、電気を供給されています。発電量が消費電力より少ないときは電力会社からの供給をうけ、発電量が消費電力より大きいときには電力会社に売電します。

　一方、再生可能エネルギーは火力・原子力と比べてエネルギー密度が大幅に低いことが、普及の大きな壁になっています。また、コストが高く賦課金という形で国民負担となっていることは、大きなマイナス要因です。

バイオマスエネルギーの使われ方

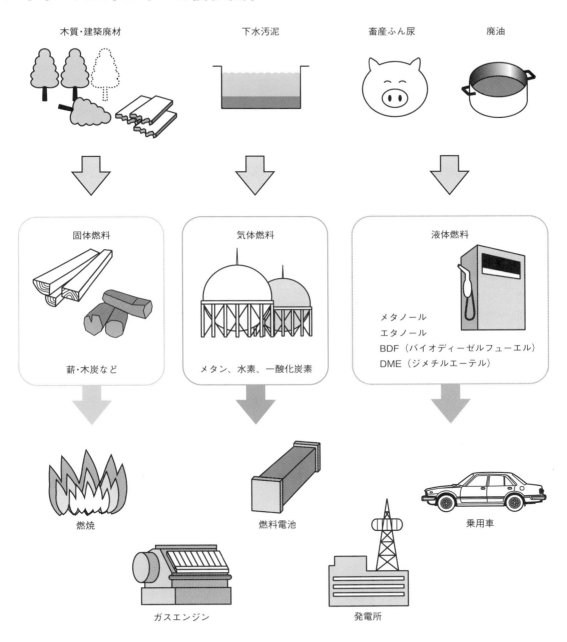

Part1 電気設備の種類と法律

Part2 電気工事と配線

Part3 電気設備

Part4 照明設備

Part5 電気通信設備

Part6 エレベーターとエスカレーター

Part7 電気設備の安全とメンテナンス

用語解説 **「バイオマス」**：バイオマスとは、生物資源（バイオ／bio）の量（マス／mass）の意味で、動植物から生まれた有機性の資源エネルギーのことです。「生きた燃料」ともいわれています。

太陽光発電

太陽光発電は、自然エネルギーとして21世紀を支えるものと期待されており、各国で導入が進んでいます。

しかし、太陽電池の国内出荷量は、2014年をピークにほぼ下がり続けています。2012年に導入した固定買取制度（FIT）の買取価格が年々下落していることなどが影響しています。2022年から新制度（FIP）が加わり、今後の動向が注目されています。

太陽光発電は、天候や日照により出力が不安定であるため、蓄電池との組み合わせによる出力の安定化が求められています。

太陽電池の原理

太陽光発電とは太陽電池を使った発電のことです。太陽電池は半導体の一種で、光エネルギーを直接電気に変換することができます。

現在、もっとも多く使われている太陽電池はシリコン太陽電池です。この太陽電池は、性質の異なるn型シリコンとp型シリコンの二つのシリコン半導体を重ね合わせた構造となっています。

太陽電池に光があたると、プラス粒子とマイナス粒子が発生し、マイナス粒子はn型シリコン側に、プラス粒子はp型シリコン側に集まります。その結果として、両極の間に電流が流れます。これが太陽電池の原理です。太陽電池は、太陽光をうけている間だけ電気を発生します。

太陽光発電システム

太陽光発電システムは、太陽の光を電気に変える太陽電池と、その電気を直流から交流に変えるインバータなどから構成されています。発電した電気は、パワーコンディショナ内のインバータで交流に変換されます。発電した電気が余ったときには、電力会社からの配電線に戻し、逆に、発電した電気が不足する夜間や雨天時には、配電線から電気の供給をうけます。配電線に戻した電力は、電力会社が買い取ります。

太陽光発電は発電のための燃料が不要なため、安価に発電をすることができますが、太陽電池などの製造コストが高いため、火力発電などと比べると発電コストが高くなっています。

一般の住宅では、3kWの太陽光発電システムで、使用する電力の7割をまかなうことができます。その場合は、屋根におおよそ24 〜 30㎡の面積の太陽電池が必要となります。

次世代の太陽電池として、ペロブスカイト太陽電池への期待が高まっています。材料を基盤上に塗布することで製造コストを抑え、軽くて自由に曲げることができる太陽電池が実現できます。強度の弱い工場の屋根や曲面のある建物にも設置できるため、これまでより幅広い用途が考えられます。

シリコン太陽電池の原理

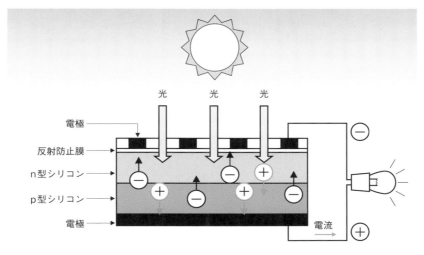

光　光　光

電極
反射防止膜
n型シリコン
p型シリコン
電極
電流

太陽光発電システムの構成例

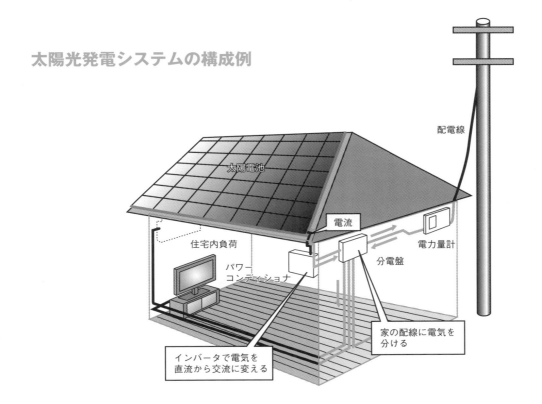

配電線

太陽電池

電流

住宅内負荷

電力量計

パワー
コンディショナ

分電盤

家の配線に電気を
分ける

インバータで電気を
直流から交流に変える

Part1　電気設備の種類と法律

Part2　電気工事と配線

Part3　電気設備

Part4　照明設備

Part5　電気通信設備

Part6　エレベーターとエスカレーター

Part7　電気設備の安全とメンテナンス

| 用語解説 | 「パワーコンディショナ」：太陽光発電システムや家庭用燃料電池などが発電した直流の電気を、家庭などで利用できる交流に変換する機器のことです。発電した電圧が低いときにも、家庭用で利用できるように変換します。 |

風力発電

風は自然界に無尽蔵に存在し、発電時にCO₂や廃棄物を出さないクリーンエネルギーです。

風力発電の原理

風力発電は、「風」の力で風車を回し、その回転運動を発電機に伝えて電気を起こすものです。ただし、無風状態では電気を発生しないため、エネルギー源としては不安定であり、立地の制約をうける面もあります。

風は、太陽によって温められた空気と冷たい空気の循環により発生します。風のエネルギーは、風をうける面積に比例し、風速の3乗に比例して増大する性質があります。つまり、風速が2倍になると風力エネルギーは8倍になるため、風力発電を設置する場所は少しでも風が強いことと、大きい翼で効率よく風をうけることが重要なポイントとなります。

また、風力発電は風のエネルギーの30〜40%程度を電気エネルギーに変換でき、効率の高いことが特徴です。

風力発電の種類

風のエネルギーを風車に変換する効率は、風車の形式によって異なります。風車は、大型の風車と風車の直径が7m以下の小型風車に分類されます。小型風車には、より風車直径の小さいミニ風車やマイクロ風車もあります。大型の風車に比べ、小型風車は得られる発電量が少ないため、弱い風でも効率よく変換することが大切になります。マイクロ風車はモニュメントとして使用されますが、太陽電池と併用することで補助電源の役割も果たしています。

発電目的の風車としては、出力の大きいプロペラ型水平軸風車が主力となっています。その他には、風向きを選ばずに発電を行うことができる垂直軸タイプの風車もあります。

作動原理別では、プロペラ型のように翼の揚力を利用して高速回転を得る揚力型風車、風が押す力で低速回転する抗力型風車などがあります。

風力発電のコストは、風車の大きさや設置場所の風況に大きく左右されます。風車は大型になるほど割安になり、出力あたりのコストが下がるのが一般的です。以前は数百kW級が主流でしたが、現在では1,500kWから2,000kWの大型風車も登場しており、大型化が進んでいます。

設置費用は地形や電力系統、道路などの状況によって大きく異なりますが、1,000kWの風車の設置には、約2.4億円〜3.7億円の初期投資が必要になります。そのため、発電単価は火力と比べて約1.5〜3倍程度のコストとなります。より風況のよい場所への設置、建設コストの削減や高効率な大型風車の開発、ウィンドファームとして集中して建設することによる発電コストの低減が行われています。

風力発電の効率

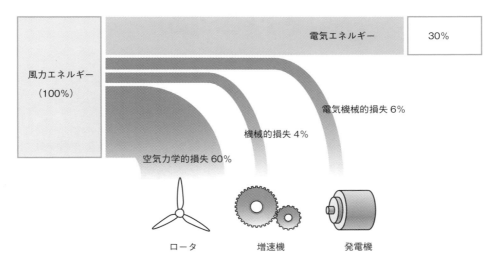

風車の種類

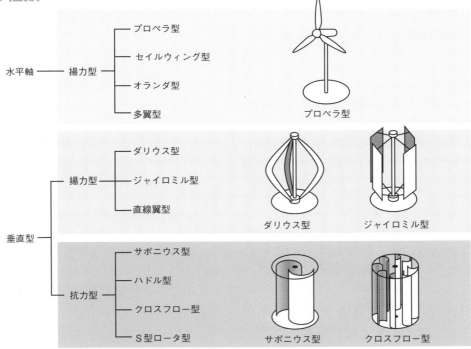

Part1 電気設備の種類と法律

Part2 電気工事と配線

Part3 電気設備

Part4 照明設備

Part5 電気通信設備

Part6 エレベーターとエスカレーター

Part7 電気設備の安全とメンテナンス

用語 解説	**「風速」**：地上約10mの高さにおける10分間の平均風速を「風速」として表します。0.25秒ごとに更新される3秒平均値を瞬間風速といいます。また、平均風速の最大値を最大風速、瞬間風速の最大値を最大瞬間風速といいます。風力発電には、風速6m／秒が必要といわれています。

燃料電池

燃料電池の原理

燃料電池は、「電池」と呼ばれていますが、「発電装置」といった方がふさわしいもので、水素と酸素を燃料として電気をつくり続けます。

燃料電池は、「水の電気分解」と逆の原理で発電します。水の電気分解は、水に外部から電気を通して水素と酸素に分解しますが、燃料電池は、水素と酸素を化学反応させて電気をつくります。

水素は電極(燃料極)中の触媒の働きで、電子を切り離して水素イオンになります。電解質はイオンしか通さないという性質をもっているため、切り離された電子は外に出て行きます。電解質の中を移動した水素イオンは、反対側の電極(空気極)に送られた酸素と、外部回路を通じて戻ってきた電子と反応して、水になります。このとき、「電子が外部回路を通ること」が燃料電池の原理です。電子が電線を移動するということは、電流が流れるということであり、電気が発生するということです。

一つのセルがつくる電気は、電圧約0.7Vです。そこで大きな電気をつくるために、セルを積み重ねます。乾電池を直列につなぐのと同じことです。

燃料電池本体は、セルが積み重なってできており、たとえば1kWの電気をつくるためには、50枚ぐらいのセルを積み重ねます。

燃料電池のシステム

燃料電池は、都市ガスを原料にして運転します。外見は物置ほどの箱型パッケージで、四つの機器から構成されています。

(1) 燃料電池本体

水素と酸素から直流の電気を発生する装置です。

(2) 燃料改質装置

都市ガスから水素をつくる装置です。

(3) インバータ

発電した直流電気を交流の電気に変えます。

(4) 排熱回収装置

燃料電池本体や燃料改質装置から出た熱を回収して、蒸気や温水に変える装置です。

燃料電池の発電効率

燃料電池は、電気化学反応によって燃料のもつ化学エネルギーを、直接電気エネルギーに変換します。今までの発電のように、「化学エネルギー(ボイラーで燃やす)→熱エネルギー(熱でタービンを回す)→運動エネルギー(電気に変える)→電気エネルギー」というふうに、エネルギーの形を何度も変えることがないため、エネルギー変換時の損失が少なくなります。つまり、発電効率が高いということです。

燃料電池の原理

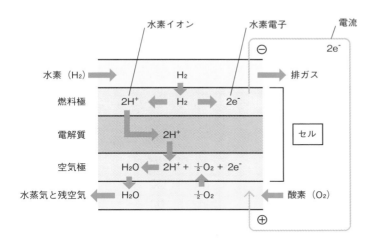

水素イオン　　水素電子　　電流
2e⁻

⊖

水素（H₂）→　H₂　→ 排ガス

燃料極　　2H⁺ ← H₂ → 2e⁻

電解質　　2H⁺

空気極　　H₂O ← 2H⁺ + ½O₂ + 2e⁻

水蒸気と残空気 ← H₂O　½O₂ ← 酸素（O₂）

⊕

セル

セル

空気極　　電解質　　燃料極

燃料電池のシステム

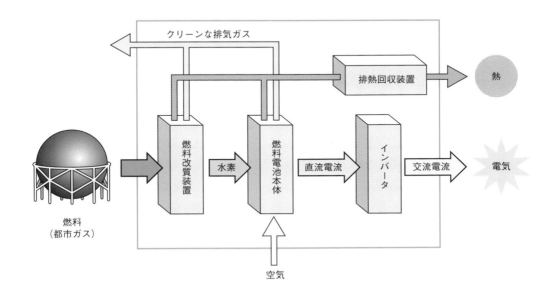

クリーンな排気ガス

排熱回収装置 → 熱

燃料
（都市ガス）

燃料改質装置 →水素→ 燃料電池本体 →直流電流→ インバータ →交流電流→ 電気

空気

用語解説

「電気分解」：液体中に 2 本の電極を浸し、電極の間に電圧をかけると、液体の化学反応が起こります。電源の正極に接続した側では、化学物質から電子が奪われて酸化が起こり、反対に負極に接続した側では、化学物質に電子が与えられて還元が起こります。これによって、元の化学物質が化学分解することを電気分解といいます。

Part1 電気設備の種類と法律

Part2 電気工事と配線

Part3 電気設備

Part4 照明設備

Part5 電気通信設備

Part6 エレベーターとエスカレーター

Part7 電気設備の安全とメンテナンス

コージェネレーション

コージェネレーションの原理

　コージェネレーションとは、1種類の一次エネルギーから、電気と熱を同時につくって送り出し、エネルギーを有効利用するシステムです。具体的には、都市ガス、石油などの燃料から原動機を動かして、発電と廃熱利用を行います。

　発電には、ディーゼルエンジン、ガスタービン、ガスエンジン、燃料電池などが使用されます。排熱は給湯や冷暖房に利用します。

　コージェネレーションは、燃料（一次エネルギー）を燃焼する際に得られる高温度のガスから、順次電力と熱を最大限に取り出していくシステムですから、発電だけを行う場合よりも、総合的に高い効率が得られます。

　原動機の種類など機器構成によっても異なりますが、発電で40%弱、熱源で45%程度で、一次エネルギーの80%程度の効率が期待できます。送電などのエネルギー輸送にともなう損失が少なく、さらに大型集中発電に比べて、経済性向上や建設が容易であることも大きなメリットです。

コージェネレーションの種類

　3,000〜100,000kWの大容量ではガスタービンが適しており、50〜10,000kWの中小容量ではディーゼルエンジンが適しています。マイクロガスタービンやマイクロガスエンジンが、ホテルや工場、病院などで使用されています。マイクロガスタービンシステムは、コンパクトでエネルギー効率の高い小型ガスコージェネレーションシステムとして注目されています。出力300kW未満の場合は、ボイラ・タービン主任技術者の選任が不要です。また、廃熱は90℃の温水の形で回収でき、冷暖房、給湯、除湿などに利用できます。

　マイクロガスエンジンは、小型でも高効率を実現するため、マルチ切替方式あるいはインバータ連系方式により、常に定格に近い出力を得ることができます。また、廃熱は温水で回収し、おもに給湯に利用できます。発電容量が10kW未満のガスエンジンで一般電気工作物の小出力発電設備に相当するものは、電気主任技術者の選任が不要です。1kWの家庭用マイクロガスエンジンも販売されています。

　コージェネレーションシステムは、1棟のビルだけに導入するものから、何ヘクタールもの地域を対象とするものまでいろいろな規模があります。また、用途においても医療・福祉施設、大型ショッピングセンター、工場などのさまざまな施設で利用されています。廃熱利用については、給湯から冷暖房、寒冷地における融雪など各種あります。

コージェネレーションによるエネルギー利用

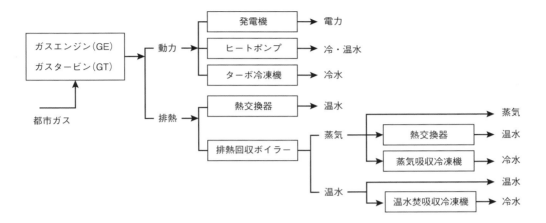

マイクロガスタービンシステム

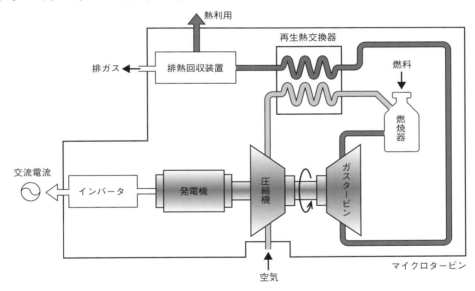

①空気を圧縮機で加圧

②燃料を燃焼器で、加圧空気を用いて燃やす

③燃焼器で得た熱でガスタービンを回転させ、発電機で電気をつくる

  └──→ つくられた電気（直流）は、インバータで交流に変換され利用される

④ガスタービンから出た廃熱を利用し、再生熱交換器で圧縮空気を加熱する

⑤排熱回収装置で廃熱は温水として回収される

用語 解説	**「廃熱利用」**：プラントや設備では、すべてのエネルギーを使い切れている訳ではありません。蒸気を使用するプラントでは、それぞれの段階で使い切れないエネルギーが廃熱という形で発生しています。廃熱を熱交換器で回収して、エネルギーとして再利用します。

Part1 電気設備の種類と法律

Part2 電気工事と配線

Part3 電気設備

Part4 照明設備

Part5 電気通信設備

Part6 エレベーターとエスカレーター

Part7 電気設備の安全とメンテナンス

動力設備

動力設備とは、動力機器に電力を供給する設備で、電源の配線や動力制御盤をいいます。建物の中で使われる動力機器には、空調設備や給排水衛生設備、搬送設備、消火設備、厨房設備、生産設備などがあります。

動力制御盤

動力機器に電源を供給するための配線用遮断器や保護装置、開閉器、制御回路などを組み込んだものが動力制御盤です。動力制御盤の表面には、動力機器を運転／停止するための操作ボタンや表示灯、電流計などが付いています。多くの動力機器は、動力制御盤の指示によって動いています。個々に制御盤をもっている動力機器もあります。

動力制御盤に組み込まれている制御回路には、シーケンス制御が用いられています。シーケンス制御とは、あらかじめ定められた順序やルールにしたがって機器をコントロールするものです。このシーケンス制御は、リレー（継電器）や開閉器、タイマーなどから構成されます。

リレーは、外部からの信号をうけて、リレー内の接点を閉じたり開いたりします。これにより動力機器の電源を開閉することができます。また、タイマーによって、始動後の動作時間などをコントロールすることができます。
このシーケンス制御の機構によって「排気ファンが起動したら給気ファンを始動す

る」、「ポンプが起動したら給水を始める」、「ポンプが止まったら、10秒後に給水を止める」など、いろいろな条件に応じて機器を動かすことができます。

電動機

電動機は、電気エネルギーを機械エネルギーに変換する電力機器です。モーターとも呼ばれます。電動機は、磁場と電流の相互作用を利用して回転運動を出力するものが一般的です。

電動機は、軸をもち回転する回転子と、回転子と相互作用して回転モーメントを発生させる固定子、回転子の回転を外部に伝える回転軸、回転軸を支える軸受、損失により発生した熱を冷却する冷却装置などから構成されます。

電動機にはいろいろな種類がありますが、電動機は固定子と回転子のどちらかが回転変化する磁界を発生して、その磁界の変化によって、駆動力を得るものです。

電動機を始動させるとき、定格速度まで電動機が加速する間、負荷が大きくなるため、定格電流の5倍から7倍の電流が必要となります。この電流は始動電流と呼ばれます。このような場合に、遮断器が遮断したり、ケーブルへの電流負担が大きくなることがあります。そこで、ケーブルや遮断器、変圧器などに過度の負担をかけずに正常始動させるために、始動器を設置します。

Part1 電気設備の種類と法律

Part2 電気工事と配線

Part3 電気設備

Part4 照明設備

Part5 電気通信設備

Part6 エレベーターとエスカレーター

Part7 電気設備の安全とメンテナンス

動力制御盤の構成

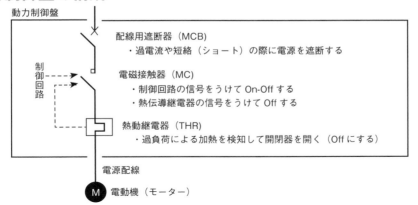

動力制御盤

配線用遮断器（MCB）
・過電流や短絡（ショート）の際に電源を遮断する

制御回路

電磁接触器（MC）
・制御回路の信号をうけて On-Off する
・熱伝導継電器の信号をうけて Off する

熱動継電器（THR）
・過負荷による加熱を検知して開閉器を開く（Off にする）

電源配線

Ⓜ 電動機（モーター）

電動機の始動方法

	全電圧始動法	スターデルタ始動法	コンドルファ始動法	リアクトル始動法
制御回路	MCB MC THR Ⓜ	MCB MC THR M MC △ MC ⅄	MCB MC MC 始動トランス THR Ⓜ	MCB MC THR 始動リアクトル MC Ⓜ
始動電流	最大	全電圧始動の 1/3	タップにより可変 全電圧始動の 1/4 まで低減可	タップにより可変 全電圧始動の 1/2 まで低減可
始動トルク	最大	全電圧始動の 1/3	タップにより可変	タップにより可変
加速性	加速トルク最大	トルクの増加は小さい	トルクの増加はやや小さい	トルクの増加は大きい
特徴	始動装置を設置せず、直接電動機に電圧を印加して始動させる方式です。十分な電源容量と遮断器容量があれば、大きなトルク特性を確保することができます。全電圧始動では、定格電流の５倍から７倍の電流が流れるため電圧降下が発生します	三相誘導電動機（モーター）の始動電流を抑えるために、電動機の各相の固定子巻線両端から、口出し線６本を引き出しておき、始動時にはモーターの巻線をスター（Y）に結線して、各相の巻線に電源電圧の 1/√3 に等しい電圧をかけることにより、始動電流を小さくします	電動機の一次側にトランスを入れ、低電圧で始動開始させる方式です。継電器を用いて抵抗回路を切り離し、全電圧に切り替え、定格速度まで電動機を加速させます	大型機械に広く採用されます。電動機の一次側にリアクトルを入れることで始動電流を緩衝させ、定格速度近くまで上昇した時点でリアクトルを短絡させて始動状態を維持します。全電圧始動の約 50% まで始動電流を低減させることができます

※トルクとは、回転軸のまわりの力のモーメントで、モーターなどを回転させる力
※スター（Y）とは、三相各相をその一端の中性点で接続する結線で、Y 結線、星形結線ともいう

用語解説

「リアクトル」：供給された電力を消費・蓄積・放出する素子のこと。インバータの入力側の交流回路に設置すると電源協調や力率改善、高調波抑制の効果があります。インバータの出力側の交流回路に設置した場合は、騒音低減やサージ電圧抑制に効果があります。

インバータ

インバータは、電圧と周波数を変化させることでモーターの回転速度を制御する装置です。

インバータ制御

モーターは、負荷によって回転速度や電流値が変化します。そのため、回転速度を一定に保ったり、速度変化をコントロールしたりするためには、電圧や周波数を制御することが必要です。モーターをコントロールすることで、ポンプの流量やエレベータの速度なども調整をすることができます。

工場や家庭の電源の電圧と周波数は一定で、例えば100V ／ 60Hzのように統一されています。交流の周波数と電圧の大きさを、交流のまま自在に変えることは容易ではありません。そこでインバータを使って、交流をいったん直流に変換した後、電圧や周波数を変えてから再度交流に変換しています。

直流を交流に変換する装置を学術的に「インバータ」といいますが、電圧や周波数を自在につくり出すメカニズムの主役が「インバータ回路」であるため、「コンバータ回路」「コンデンサ」「インバータ回路」を合わせた装置そのものを、日本ではインバータと呼んでいます。

三相モーターの回転速度は、周波数に比例し、極数に反比例します。また、モーターの回転力は電圧の二乗に比例します。インバータで電圧と周波数を制御す

ることで、回転速度を自由にコントロールすることができます。これがインバータ制御です。極数は、モーターの原理から決まる固有の値のため、連続的に変えることはできません。

回転速度のコントロールは周波数の制御のみで可能ですが、電圧を下げずに周波数だけを下げるとモーターの交流抵抗が下がり、電流が大量に流れ、モーターが焼損します。モーターの焼損を防ぐために、周波数だけでなく電圧も同時に変えています。

インバータのメリット

インバータを使うと、動力機器をきめ細かく制御することができるため、各種の設備を快適に使うことができます。空調機の風量制御、給水の流量制御などです。また、必要以上に大きな出力を出すこともなくなるため、省エネ効果もあります。

それ以外にも、例えば、蛍光灯や炊飯器などに使われています。モーター駆動の場合は、電圧と周波数の両方を変えますが、蛍光灯や炊飯器は、おもに周波数を高くするためにインバータを使用しています。

Part1 電気設備の種類と法律

Part2 電気工事と配線

Part3 電気設備

Part4 照明設備

Part5 電気通信設備

Part6 エレベーターとエスカレーター

Part7 電気設備の安全とメンテナンス

インバータの原理

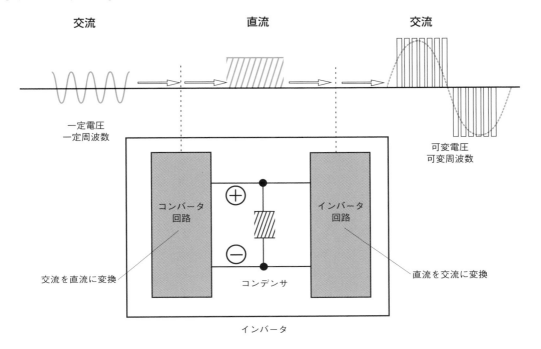

交流　　　　　　　　直流　　　　　　　　交流

一定電圧
一定周波数

可変電圧
可変周波数

コンバータ
回路

インバータ
回路

交流を直流に変換

コンデンサ

直流を交流に変換

インバータ

インバータの用途

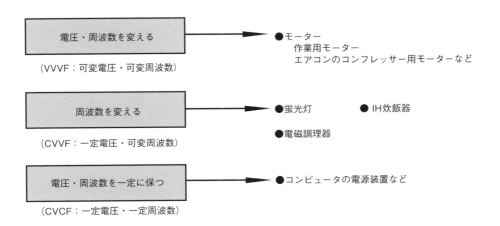

| 電圧・周波数を変える | → | ●モーター
　作業用モーター
　エアコンのコンフレッサー用モーターなど |

（VVVF：可変電圧・可変周波数）

| 周波数を変える | → | ●蛍光灯　　　●IH炊飯器
●電磁調理器 |

（CVVF：一定電圧・可変周波数）

| 電圧・周波数を一定に保つ | → | ●コンピュータの電源装置など |

（CVCF：一定電圧・一定周波数）

| 用語
解説 | **「コンバータ」**：インバータとは、本来、直流を交流に変換する装置のことです。この逆の機能をもつ装置をコンバータ、または整流器といいます。 |

自家発電設備と企業

　東日本大震災の直後には、東北電力と東京電力管内では、戦後最大の電力危機に直面することになりました。

　六本木ヒルズでは、震災発生から間もない3月17日、最大4,000kWもの電力を東京電力に供給すると発表しました。六本木ヒルズでは、都市ガスをもとにしたコージェネレーション・システムを開業直後の2003年5月に稼働させ、ビルの電力供給を100%カバーするだけでなく、周辺の企業にもエネルギーを供給していたからです。

　大企業を中心に、多くの企業が自家発電設備の導入を進めています。

　自家発電設備の構造や性能は、設備の種類・用途により、消防関係法令のほか、電気事業法や建築基準法等で規制されています。屋内消火栓設備やスプリンクラー設備などの消防用設備に非常電源として附置されている自家発電設備は、消防関係法令の規制を受けます。

　また、自家発電設備そのものは消防用設備ではありませんが、屋内消火栓設備やスプリンクラー設備などの消防用設備に非常電源として附置されているものは、消防用設備の一部の扱いとなることに注意が必要です。この場合、自動火災報知設備や消火器、誘導灯などと同じように消防法に基づく点検が必要になります。自家発電設備の総合点検では負荷運転による運転性能確認が必要ですが、実負荷による点検は、商用電源を停電させなければできない場合があります。

照明設備

建物内で、快適・安全な環境をつくるためには、適切な照明が必要です。ビルでは、エネルギーの30％が照明に使われています。効率の良い照明設備の開発が進んでいます。

光とは

光の性質

　光がなければものを見ることはできません。つまり、光とは人間の目（視覚）を刺激して、明るさを感じさせるもののことです。科学的には電波やX線などと同じ電磁波の一種と位置づけられています。可視光の波長は380〜780nm（ナノメートル）です。

　この光は、粒子性と波動性の二つの性質をもっています。物質に光をあてると、物質の表面から電子が放出される光電効果により光の粒子性が証明され、光の回折、屈折、干渉の性質から波動性が証明されています。

　照明をうける対象物の中には、長時間の照明によって変褪色が生じるものがあります。特に美術館・博物館の照明では、照度と照射時間を考慮する必要があります。

回折・屈折・干渉

　回折とは、単色の光を狭いスリットを通してスクリーンにあてると光が広がる現象です。

　屈折とは、異なる媒質の境界で光が進行方向を変える現象です。

　干渉とは、複数の光の波を重ね合わせることで、新しい波形ができる現象です。

反射・透過・吸収

　物質に光があたると、反射、透過、吸収のいずれかが起こります。

　反射は、光が物質の表面にあたって跳ね返る現象です。反射には鏡面反射と拡散反射があります。鏡や光沢のある物質では、鏡面反射が起こりまぶしさを感じさせます。表面がざらざらの物質では、拡散反射が起こりやわらかな光の印象になります。

　透過は、ガラスのように透明な物質に光があたった場合に生じる現象です。

　光の吸収は物質の色によって差があります。白っぽい色の場合は光を反射する割合が多く、黒っぽい場合は光を吸収する割合が多くなります。

　このような光の性質を考慮して照明を検討します。

採光

　採光は、建築物の内部に外部から自然光を取り入れることです。昼光照明とも呼ばれます。採光の効用が得られるのは日中だけですから、人工照明と併用するのが一般的です。

　窓は、外の光を取り入れるもっとも一般的な方法です。天井に開口を設ける天窓は、壁に設ける窓よりも多くの光を取り入れることができます。

　天井付近の高い位置に設けたハイサイドライトは、部屋の奥まで光が届きやすくなります。

Part1 電気設備の種類と法律

Part2 電気工事と配線

Part3 電気設備

Part4 照明設備

Part5 電気通信設備

Part6 エレベーターとエスカレーター

Part7 電気設備の安全とメンテナンス

回折・屈折・干渉

回折

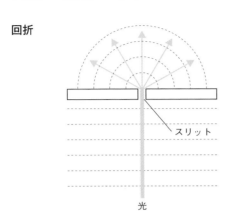

スリット

光

屈折

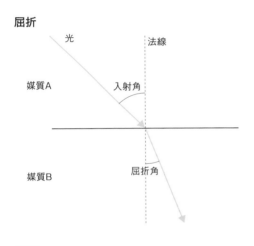

光　　　　法線

媒質A　　入射角

媒質B　　屈折角

干渉

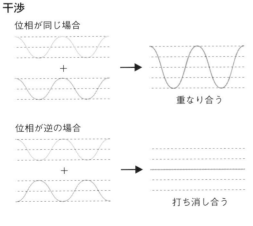

位相が同じ場合

＋

→

重なり合う

位相が逆の場合

＋

→

打ち消し合う

反射・透過・吸収

反射

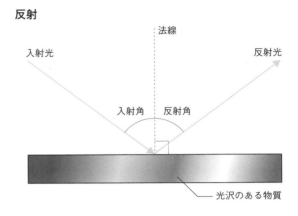

法線

入射光　　　　　　　　　　　　反射光

入射角　反射角

光沢のある物質

透過

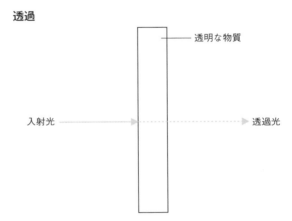

透明な物質

入射光　　　　　　　　　　　　透過光

吸収

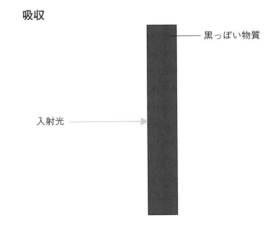

黒っぽい物質

入射光

用語解説　**「作業面照度」**：屋内照明の照度を検討する場合は、机上面などの水平作業面を想定しています。部屋全体を明るくできなかった当時、少なくとも机上の書類の文字を読めるように、と考えられたためです。

人と照明

照明の分類

照明とは、各種の光源を利用して、特定の場所を明るくする行為のことです。夜間や暗所での視環境を良くしたり、光を利用して空間のイメージに変化を加えたりするために用いられます。

一般的に、白熱電球、蛍光灯、ランプ、LEDなどの照明器具が発する光によるものを照明と呼びます。

明順応・暗順応

ものが良く見えるためには、①明るさ、②対比、③色、④大きさ、⑤動きが適切な条件であることが必要です。

まず、ものを見るためには十分な明るさが必要です。対比は、対象物と背景の明るさの違いです。通常は対比が大きいほど見えやすくなります。明るさが同じ程度でも、色の鮮やかさが似ていると見えにくくなりますし、違うと見えやすくなります。また、対象物が大きいほど見えやすくなります。そして、動きが大きく速いほど見えにくくなります。

人はまわりの明るさによって目の感度を変えて、まぶしい日差しの元でも暗い場所でもものを見ることができます。明るい場所で目の感度が下がることを明順応、暗い場所で感度が上がることを暗順応といいます。

グレア

視野にある点灯中のランプや窓からの光によって、対象物が見えにくくなることがあります。これをグレアといいます。グレアは、過度に輝度の高い点や面があることによって生じます。

グレアには、減能グレア、不快グレアと反射グレアがあります。減能グレアは、夜間に対向車のヘッドライトで目がくらむように、視界に光源が直接入って見えづらくなることをいいます。

不快グレアは、視界の範囲内に輝きの強いものがあり、まぶしさから不快感を感じることをいいます。照明に取り付けられているルーバーは、不快グレアを防ぐためのものです。

反射グレアは、光が光沢面で反射して目に入るもので、光幕反射と呼びます。最近では多くの分野でモニタが用いられていますが、この表示面に照明器具が映り込まないようにする必要があります。

グレアをなくすためには、明るい場所と暗い場所との明るさの対比が大きくならないようにする、光源にカバーを付けて輝度を下げる、視線から外れるように器具の設置位置を変えるなどの方法があります。光幕反射を防ぐには、対象物の表面を光沢のないものにする、光幕反射を生じない位置の、他の照明で対象物の表面照度を上げて反射を相対的に軽減するなどの方法があります。

明順応と暗順応

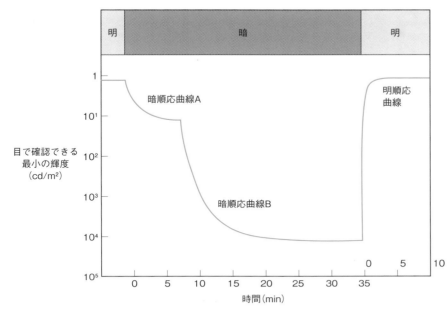

目で確認できる
最小の輝度
（cd/m²）

暗順応曲線A

暗順応曲線B

明順応
曲線

人は暗い場所では、目
の感度を上げ（暗順応）、
明るい場所では、感度
を下げる（明順応）

時間（min）

直接グレアと反射グレア

直接グレア（減能グレア、不快グレア）

直接光

目

反射グレア

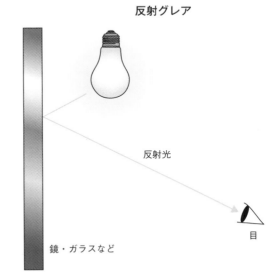

反射光

鏡・ガラスなど

目

Part1 電気設備の種類と法律

Part2 電気工事と配線

Part3 電気設備

Part4 照明設備

Part5 電気通信設備

Part6 エレベーターとエスカレーター

Part7 電気設備の安全とメンテナンス

| 用語解説 | **「調光」**：カーテンやブラインドによって外光を遮ったり、照明器具によって発せられる光の強さや方向を調節したりすることを調光といいます。 |

色と照明の心理

光の三原色

　光は、赤、緑、青の三原色からなっていて、割合を変えて混ぜることで任意の色をつくることができます。また、3色すべてを混ぜると白色になります。

　マンセル表色系は、色を表すためのものさしです。色相、明度、彩度で構成されています。色相とは、赤、黄、緑、青、紫を基本とする色の相違です。明度は、色の明るさを意味します。明度10の白と明度0の黒の間で分かれています。明度の高低は、物体の反射率との相関性が高くなっています。光の明暗と同様の知覚です。彩度は、色の鮮やかさを示します。赤や青などの色相をもつ色を有彩色、白や黒のように色相をもたない色を無彩色といいます。

色対比

　複数の色の差異が強調して見える現象です。例えば、黒に囲まれた灰色と白に囲まれた灰色では前者は明るく、後者は暗く見えます。その他にも、同じ色が彩度の高い色に囲まれた場合は、低い色に囲まれた場合より彩度が低く見えます。

光と雰囲気

　同じ空間でも光によって印象が大きく変わり、人の心理に影響を与えることができます。全体的に明るければ、開放感が増し、暗くすると空間が狭く感じられ

ます。

　照明を使用する屋内空間は、天井と壁、床で囲まれています。一般の照明計画では、全体のバランスを配慮した上で、均一な光で床面を明るくします。特に事務所などの作業空間では、水平面照度の確保が優先されます。机上面を部分的に明るくするタスクライトを使用することもあります。

　雰囲気を重視する空間では、壁や天井の明るさを優先したり、光の強さにメリハリをつけたりすることもあります。

光色と色温度

　ランプの光には、白色光と有色光があります。このうち、一般照明用ランプの白色光は色温度で表すことができます。

　昼光色の蛍光ランプは青みを帯びた光色で、白熱電球は黄みを帯びた光色をしていますが、ともに白色光源となります。黒体(真っ黒な物体)を熱していくと、温度の上昇とともに色が、暗赤色、赤色、ピンク色、黄色、オレンジ色、白色、青白色へ変化していきます。これを色温度で表し、色温度が低いものは赤色を帯びた方向へ、色温度が高いものは青みを帯びた方向へ寄っていることになります。

　色温度の低いランプを用いて照明された室内は、落ち着いた暖かい雰囲気になり、色温度の高いランプを用いた場合は、やや寒々とした雰囲気になります。

光の三原色

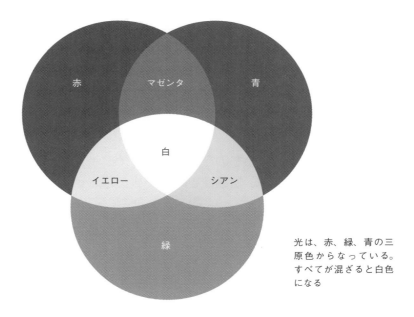

光は、赤、緑、青の三原色からなっている。すべてが混ざると白色になる

光源の色温度

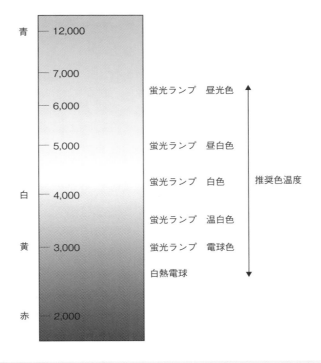

青	12,000	
	7,000	
	6,000	蛍光ランプ　昼光色
	5,000	蛍光ランプ　昼白色
		蛍光ランプ　白色
白	4,000	蛍光ランプ　温白色
黄	3,000	蛍光ランプ　電球色
		白熱電球
赤	2,000	

推奨色温度

用語 解説	**「演色性」**：一般的にものの色は固有の色と考えがちですが、異なる色の光のもとで見ると違った色に見えます。この色の見え方におよぼす光源の性質を演色性といいます。正確な色彩確認が必要な場合は、適切な光色と演色性の照明を使用することが大切です。

Part1 電気設備の種類と法律

Part2 電気工事と配線

Part3 電気設備

Part4 照明設備

Part5 電気通信設備

Part6 エレベーターとエスカレーター

Part7 電気設備の安全とメンテナンス

照明計画

照明計画の手順

照明の目的は、見ようとするものを見やすくして、安全性や作業能率、快適性を向上させることです。

ものの見え方は、人間の視覚特性にも影響されます。照明設備の設計を行う場合には、建物の使用目的を明らかにして、その目的に合った照明方式や設備を選ぶことが大切です。

(1) 調査

建物とその空間の使用目的を設定します。体育館などは、スポーツだけでなく多目的に使われることがあります。

(2) 企画

照明のコンセプトを明確にします。どのような照明状態や雰囲気をつくり出すのかを検討します。照明による光の状態を想定します。

(3) 計画

照明の手法を検討し、光源や配置の概略を決めます。内装材(色や柄)との関係も大切です。

(4) 基本設計

所要照度や照度分布など、設計の目標値を決めていきます。光源・照明器具の選定や灯数の計算および配置の決定を行います。

(5) 実施設計

詳細の設計を行って、設計目標を満たしているかのチェックを行います。

オフィスの照明

オフィスの照明で考慮する対象は、書類、人の顔、VDT(コンピュータディスプレイなどの表示機器)です。書類については、一般的な作業時の作業面照度は750lx、製図などの細かい作業時は1,500lxが推奨照度となっています。机の配置が変わることも考慮して、水平面照度の変化はできるだけ少なくします。水平面照度の均斉度(最小照度/平均照度)は0.6以上とします。書類上に手暗がりや反射グレアを生じないように、比較的大きな面積の光源を用います。VDTへの照明の映り込みにも注意します。

工場・店舗の照明

工場照明の目的は、安全性の確保や快適性の向上により、作業能率を高め、生産性を上げることです。したがって、通路や設備機器の状況が明確に分かること、製品や製造設備の計器などが見やすいことが重要になります。

特に精密作業を行う場合は、補助照明を使用します。照明によるかげは、作業のさまたげになることもあります。光をあてる方向にも十分注意します。工場の全般照明にはHIDランプや蛍光灯が用いられます。

店舗の照明では、商品を引き立てて、顧客の関心を高める演出が大切です。かげや反射を活用することで見え方は大きく変わります。

照明計画の手順例（店舗）

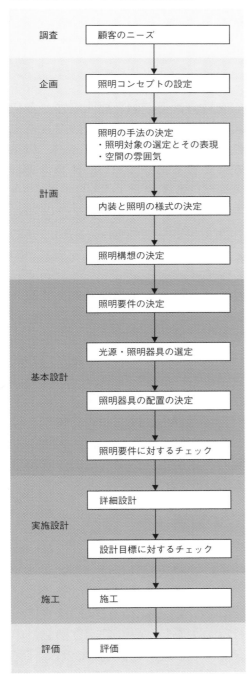

調査	顧客のニーズ
企画	照明コンセプトの設定
計画	照明の手法の決定 ・照明対象の選定とその表現 ・空間の雰囲気
	内装と照明の様式の決定
	照明構想の決定
基本設計	照明要件の決定
	光源・照明器具の選定
	照明器具の配置の決定
	照明要件に対するチェック
実施設計	詳細設計
	設計目標に対するチェック
施工	施工
評価	評価

照明方向の注意点

よい

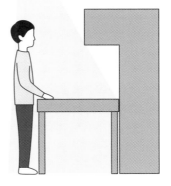

わるい

かげ・反射の活用点と注意点

	好ましい状態	好ましくない状態
かげ	立体感、材質感	暗いかげ
反射	つや、光沢、輝き	反射グレア

用語解説　**「タスク・アンビエント照明」**：視対象物（タスク）と周辺（アンビエント）に対して、それぞれ専用の照明設備を用いて照明する方式です。作業形態の多様化や時間的変化に対応した照明環境をつくることができます。

Part1　電気設備の種類と法律

Part2　電気工事と配線

Part3　電気設備

Part4　照明設備

Part5　電気通信設備

Part6　エレベーターとエスカレーター

Part7　電気設備の安全とメンテナンス

照度

光度・光束・照度・輝度

　光度とは光の強さのことで、ある方向への単位立体角に含まれる光束で表されます。光度の単位はcd（カンデラ）です。光源からの光度は、どの方向でも均一な訳ではなく方向によって異なります。光がどの方向にどのくらいの光度を発しているかは、配光曲線で表されます。

　また、光束とは光の量のことで、明るい電球の方が発する光の量が多く、光束が大きいことになります。立体角は三次元の角度です。単位はlm（ルーメン）です。

　照度は、単位面積あたりの光束で示されます。単位はlx（ルクス）です。光の密度ともいえます。ある点の照度は、その点に向かう光源の光度を、光源とその点との距離の二乗で割って求めることができます。

　輝度とは発光面の輝きのことです。光度を発光面の見かけの面積で割って表します。見かけの面積が小さい方が、輝度が高くなります。光の量が同じでも見え方によって光の輝きの感じ方が違うということです。輝度の単位はcd／㎡です。

照度の重要性

　暗い場所では視覚の能力が低下し、適切な明るさの下では作業性、安全性、快適性を確保することができます。この明るさにもっとも関係が深いのが照度です。

　照度には視力の向上効果があり、小さ

なものを見分けるには、高照度が必要になります。逆に、ある範囲で照度が低い場合に同じ視力を得ようとすると、見る時間を長くする必要があり、作業性の低下につながります。

　文字を見る場合の精密作業で2,000lx、普通作業で500 ～ 1,000lx、粗い作業で300lx程度の照度が作業面上で必要だといわれています。

　高齢者になると目の機能が衰え、視力や色の識別能力が低下します。若年齢者と高齢者とでは、高齢者の方が照度への依存性が高くなっています。細かい作業を行う場合は、若年齢者の1.5 ～ 4.0倍の照度が必要だといわれています。省エネルギーの観点から、局部照明の併用を検討することも大切です。JISZ9110照明基準総則で、場所別、作業別に必要な照度が定められています。

昼光との協調

　従来は、窓から昼光の入ってこない夜間を想定して照度設計を行っていましたが、現在では昼間も照明をつけることが一般的になっています。夜間に快適に設計された照明でも、昼間に明るい窓外の景色を見てから屋内を見ると、暗く見えてしまいます。窓の外が明るいときほど、屋内の照明を明るくする必要があります。

Part1 電気設備の種類と法律

Part2 電気工事と配線

Part3 電気設備

Part4 照明設備

Part5 電気通信設備

Part6 エレベーターとエスカレーター

Part7 電気設備の安全とメンテナンス

照明の単位

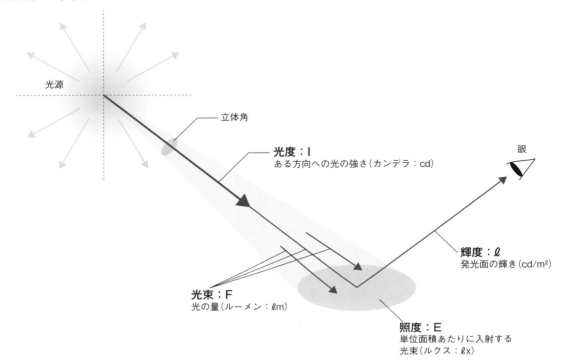

光源

立体角

光度：I
ある方向への光の強さ（カンデラ：cd）

眼

輝度：ℓ
発光面の輝き（cd/m²）

光束：F
光の量（ルーメン：ℓm）

照度：E
単位面積あたりに入射する
光束（ルクス：ℓx）

基本的な照明要件

領域、作業または活動の種類	lx
ごく粗い視作業、短い訪問、倉庫	100
作業のために連続的に使用しない所	150
粗い視作業、継続的に作業する部屋（最低）	200
やや粗い視作業	300
普通の視作業	500
やや精密な視作業	750
精密な視作業	1,000
非常に精密な視作業	1,500
超精密な視作業	2,000

（JIS　Z9110より）

用語解説	「ランドルト環」：万国式試視力表。視力検査で使う、一部分が切れた円のことです。直径7.5mmのランドルト環にある幅1.5mmの切れ目を、5m離れた場所から見ることができると視力は1.0となります。

光源の種類①

　光源は発光原理によって分類することができます。

白熱電球

　白熱電球は、一般的なランプで入手が容易です。フィラメントに電流を流すと高温になり発光します。ミニクリプトンランプは、クリプトンガスを封入したランプで、一般の白熱電球よりも寿命が長くなります。ハロゲンランプは、ハロゲン化合物を封入することで寿命を伸ばしています。

蛍光ランプ

　蛍光ランプは蛍光灯とも呼ばれ、放電で発生する紫外線を蛍光体にあて、可視光線に変換するランプです。低圧水銀蒸気の入ったガラス管内で、アーク放電することにより紫外線を放射します。その紫外線が、ガラス管内に塗布された蛍光物質を励起して発光します。

　蛍光灯は、エネルギーを光に変える効率が良く、白熱電球の5倍の発光効率があるといわれます。蛍光ランプの寿命は、およそ6,000 ～ 15,000時間です。蛍光ランプが点灯しなくなり寿命を迎える原因は、ランプ点灯中に起こる電極に塗布された電子放出性物質（おもにタングステン酸バリウムなど）の蒸発や飛散による消耗です。

　蛍光ランプは始動時にもっとも負荷がかかります。グロースタータの場合、一回の点灯で約1時間寿命が縮むため、頻繁に点滅させる場所よりも、より長時間点灯する場所での使用に適しています。直管形、環形、電球形があり、直管形はいろいろな施設で使用されています。最近では、Hf蛍光ランプが主流になっています。環形はおもに住宅で使われています。

ＨＩＤランプ

　HIDランプ(High Intensity Discharge Lamps)は、金属蒸気中の放電によって発光するメタルハライドランプ、高圧ナトリウムランプ、水銀ランプの総称で、高輝度放電ランプとも呼ばれています。1灯あたりの光束が大きいこと、白熱電球に比べ高効率・長寿命で経済性に優れていることが特長です。

　メタルハライドランプは、各種金属蒸気中の放電による発光を利用した白色光のランプです。水銀ランプに比べて、ランプ効率、演色性が優れているため、スポーツ施設・商業施設など、屋内外のさまざまな施設に広く普及しています。

　高圧ナトリウムランプは、ナトリウム蒸気中の放電による発光を利用したランプです。オレンジ色の暖かみのある光を発し、屋外でよく用いられます。水銀ランプの約2倍のランプ効率を発揮します。

　水銀ランプは、水銀蒸気中のアーク放電による発光を利用したランプです。水銀灯とも呼ばれます。安価で長寿命なため、工場や体育館で普及しています。

HID ランプの種類と発光原理

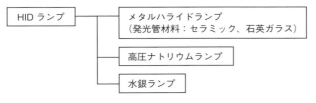

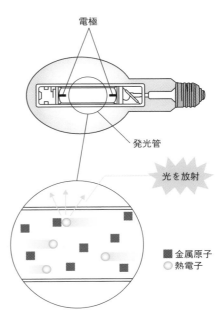

電極

発光管

光を放射

電流により、加熱された電極から熱電子が放出される（放電）。
熱電子が、発光管内に封入された金属原子とぶつかると光を放射する

■ 金属原子
○ 熱電子

HID ランプの効率と演色性

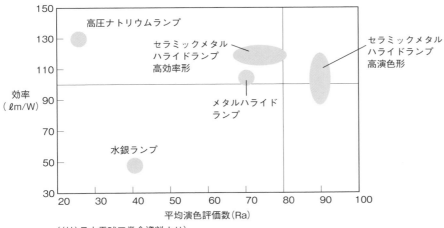

効率
（ℓm/W）

高圧ナトリウムランプ

セラミックメタル
ハライドランプ
高効率形

セラミックメタル
ハライドランプ
高演色形

メタルハライド
ランプ

水銀ランプ

平均演色評価数(Ra)

（(社)日本電球工業会資料より）

用語解説

「蛍光灯の点灯方式」：スタータ形は、グロースタータという点灯管を用いて点灯させる方式です。点灯までに時間がかかり、ちらつきが出やすい特徴があります。ラピッドスタート形は即時点灯しますが、安定器は大きく重くなります。インバータ形は、より効率良く即時点灯でき、ちらつきもなく、明るさも高いのが特徴です。

Part1 電気設備の種類と法律

Part2 電気工事と配線

Part3 電気設備

Part4 照明設備

Part5 電気通信設備

Part6 エレベーターとエスカレーター

Part7 電気設備の安全とメンテナンス

光源の種類②

LED

LED（Light Emitting Diodes）は、電流を流すと発光する半導体のランプで、発光ダイオードとも呼ばれます。消費電力は、蛍光灯の約2分の1、寿命は10万時間程度といわれています。これまでの照明ではあたり前であった熱の発生が少ないことも大きな特徴です。省エネの照明として、地球温暖化対策に貢献することが期待されています。

LEDの仕組み

半導体とは、電圧などの条件によって電気を通したり、通さなかったりする性質をもっています。マイナスの電荷をもつN型とプラスの電荷をもつP型があります。この二つを接合したものがダイオードで、これに電気を流すと、エネルギーを発生し、光を発します。ダイオードの材料によって、発生する光の色が決まります。

LEDで、光の三原色を発光することができれば、その組み合わせによって多彩な色を再現することができます。三原色を同等に照射すると、白色のもっとも自然な照明となります。

LEDは、照明用途以外に信号機などの表示機器への利用が広まっています。省エネ、長寿命に加えて、LEDのもつ指向性の高さが信号機の性能を高めています。

有機EL

EL（Electroluminescence：エレクトロ・ルミネセンス）とは、電界発光といい、特殊な材料に電圧をかけることで、電界によって、電流がほとんど流れないのに発光する現象です。有機ELは、電圧をかけると発光する材料に有機物質を使ったものです。

有機ELの仕組み

有機物にプラスとマイナスの電気を作用させると、有機分子は安定なエネルギー状態から不安定なエネルギー状態になります。そこで、分子は再び安定な状態に戻ろうとするために、余分なエネルギーを外部に放出します。それが発光のエネルギーとなります。

有機ELでは、有機物でできた発光層を陽極と陰極で挟み、それぞれの電極からプラスとマイナスの電気を作用させます。陽極か陰極のどちらかに透明な素材を使用することで、発光する光を取り出すことができます。

面状に発光するという特徴をもっているため、発光材料をプラスチックや紙などの曲げられる素材の上に載せて、フレキシブルな発光装置をつくることができます。携帯電話のディスプレイや有機ELテレビ、照明への利用が進んでいます。

Part1 電気設備の種類と法律

Part2 電気工事と配線

Part3 電気設備

Part4 照明設備

Part5 電気通信設備

Part6 エレベーターとエスカレーター

Part7 電気設備の安全とメンテナンス

LEDの仕組み

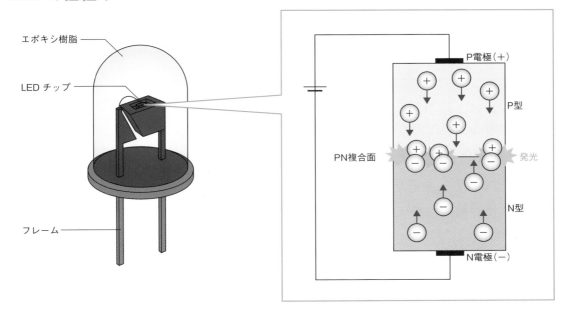

エポキシ樹脂

LEDチップ

フレーム

P電極（＋）

P型

PN複合面

発光

N型

N電極（－）

有機ELの仕組み

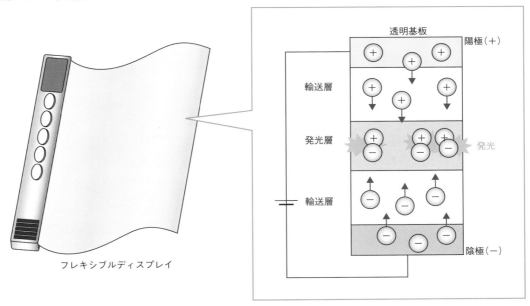

フレキシブルディスプレイ

透明基板

陽極（＋）

輸送層

発光層

発光

輸送層

陰極（－）

用語解説

「Hf蛍光ランプ」：高周波点灯専用形蛍光ランプのことです。従来のスタータ形、ラピッドスタート形蛍光灯より高効率で、消費電力を大幅に抑えることができます。インバータを用いて高周波点灯することに加え、管径を細くしたり、管長を長くすることによってランプ効率を高めています。

照明器具

照明器具は、光源、電気回路とこれらを取り付ける機械部分からなります。ここでは、機械部分について説明します。

取り付け構造による分類

照明器具の機械部分は、取り付け構造によって分類されます。

建物に直接取り付ける直付け形、建物に全部または一部を埋め込む埋込形、天井などからコードやくさりなどで吊り下げる吊り下げ形、電源に接続したまま移動できる移動灯などがあります。

照明手法

(1) 直接照明

天井や壁面に取り付けた照明器具により、室内全般を直接照明する方式です。照明器具から出る光のうち、下半球光束が100〜90%に設計されています。ただし、天井面は暗くなります。

(2) 半直接照明

室内全般を照明する方式の一つです。照明器具から出る光のうち、下半球光束が90〜60%に設計されています。空間全体を明るくすることができます。

(3) 全般拡散照明

作業面だけでなく、天井面、壁面も明るくする照明方式です。照明器具から出る光のうち、下半球光束が60〜40%に設計されています。やわらかな照明空間となります。

(4) 全般照明

天井全体に多数の照明器具を規則正しく配置し、室内全体をほぼ一様に照明する方式です。視作業対象や場所にとらわれず照明器具を配置するため、照明設計が単純です。部屋で行われるもっとも細かい作業に合わせて、部屋全体を照明しなければなりません。

(5) 間接照明

天井面や壁面に光をあて、その反射光により室内全般をやわらかく照明する方式です。照明器具から出る光のうち、上半球光束が90〜100%に設計されています。反射面の色や光沢で明るさが変わります。

配光曲線

光源からの光が、どの方向にどれぐらいの強さで発しているかを示すものが配光曲線です。照明器具では、光源とカバー、背面反射板なども含めて表します。直角座標・極座標・正弦等光度曲線などの表し方があります。

直角座標は、投光器などの配光特性を表すときに用いられます。極座標は、セードやダウンライト、街路灯などの場合に用いられます。蛍光灯のように配光が基準軸に対称ではない場合は、いくつかの鉛直面配光で表します。道路灯やトンネル器具など一面対称配光を有する器具の場合は、正弦等光度曲線で表します。

Part1 電気設備の種類と法律

Part2 電気工事と配線

Part3 電気設備

Part4 照明設備

Part5 電気通信設備

Part6 エレベーターとエスカレーター

Part7 電気設備の安全とメンテナンス

照明手法による分類

照明手法		直接照明		半直接照明	全般拡散照明	間接照明
配光	上半球光束 下半球光束	0～10 100～90		10～40 90～60	40～60 60～40	90～100 10～0
	配光曲線					
	電球・ 水銀灯用	金属製反射がさ	ガラス製かさ	ガラスグローブ	ガラスグローブ	不透明反射がさ
	蛍光灯用	埋込反射がさ	金属製反射がさ	ルーバ付き、カバー付きなど		コープ照明 不透明反射がさ

極座標による配光曲線

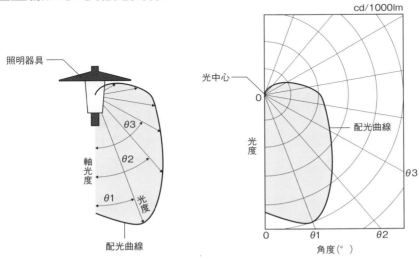

配光曲線により、照明の光の方向・強さを表すことができる

用語 解説	「セード」：光源から出る光を制御するために施される傘状のカバーです。形状によって配光特性が異なるだけでなく、カバー内部の反射率によって、照明効率に差が出ます。

照明環境と制御

オフィスビルでは、照明・コンセントのエネルギー消費が全体の4割を占めています。照明の省エネが急務になっています。

調光

調光は、ランプの明るさを自由に調節することです。調光して照度を下げると、全灯時より消費電力がダウンし、ランプの寿命も延びるため、省エネにもつながります。光源に合わせて、適切なライトコントロールとの組み合わせが必要です。また、ランプの種類によっては調光することができないものもあります。

白熱灯の調光は、スイッチを高速で点滅するイメージです。人の手でスイッチを入切することはできませんから、半導体素子をスイッチとして用います。

オフィスビルや公共施設などでは、昼光の入る量によって、照度センサーと組み合わせて窓際の照明器具を調光するシステムが利用されています。ただし、蛍光灯は明るさを変えても、電気代の節約は期待できません。

センサー

照度センサーは、明るさの変化を感知するセンサーです。設定した明るさになると照明のスイッチをOn／Offします。従来から街路灯や防犯灯などで用いられていましたが、最近ではオフィスや住宅の屋内でも使われています。

人感センサーは、人体から放射される赤外線を感知するものです。人を感知したときだけ照明を点灯することで、消し忘れがなくランプを長もちさせることもでき、省エネにつながります。

検知範囲をきちんと設定して、無駄な点灯がないようにすることが必要です。人感センサーと照度センサーの両方を活用することで、さらに省エネ効果を高めることができます。

太陽光の活用

省エネのために、建物の内部や地下室に太陽光を採り入れて活用する方法があります。また、建物の中庭・吹抜部に太陽光を採り入れ、植栽を配置するなどし、人工的な方法で自然採光を補うこともできます。

太陽直射光を導入する方式と、天空散乱光を導入する方式の二つがあります。

(1) 太陽光自動追尾方式

太陽の位置を的確に追尾することで、太陽光を採り入れます。太陽の位置の変化を計算して、反射ミラーを動かします。

(2) 天空散乱光を導入する方式

高反射率の薄板鏡を使った導光ダクトによって、天空散乱光を効率良く部屋の中へ導きます。

白熱灯の調光

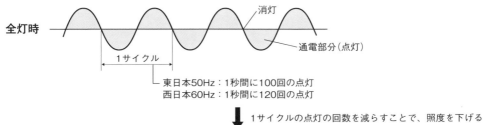

全灯時

消灯

通電部分（点灯）

1サイクル

└ 東日本50Hz：1秒間に100回の点灯
  西日本60Hz：1秒間に120回の点灯

→ 1サイクルの点灯の回数を減らすことで、照度を下げる

調光

消灯

1サイクル

点灯

t

太陽光自動追尾方式

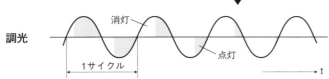

朝

昼

太陽光

太陽光

反射ミラー

太陽の位置を反射ミラーで
追尾して、太陽光を採り入れる

天空散乱光を導入する方式

自然光

採光部

導光ダクト

放光部

導光ダクトによって
自然光を採り入れる

用語解説

「ダウンライト」：ダウンライトは、天井に埋め込んで取り付ける小型の照明器具です。設置後の天井面がフラットになります。ほとんどのダウンライトは筒状の形状になっています。天井に露出する下面は角型、丸型があります。

Part1 電気設備の種類と法律

Part2 電気工事と配線

Part3 電気設備

Part4 照明設備

Part5 電気通信設備

Part6 エレベーターとエスカレーター

Part7 電気設備の安全とメンテナンス

非常用照明と誘導灯

　非常用照明は、停電時に一定の照度を確保することにより、避難を助けるものです。建築基準法によって設置基準が定められています。

　非常用照明は、避難通路の照度を確保するための設備で、誘導灯は避難する方向を示す設備です。誘導灯の明るさでは、非常用照明の照度を確保することはできません。

非常用照明

　電源内蔵型非常用照明は、蓄電池を内蔵した非常用照明で、停電時でも避難するための明るさを確保することができます。機器単独で完結しているため、充電用の配線は、耐火性や耐熱性を必要としません。

　非常用照明器具のニッケルカドミウム蓄電池は、繰り返し充放電に耐える機器構成となっています。器具本体の引き紐を引っ張ることで、強制的に非常時点灯の点検を行うことができます。

　電源別置型非常用照明は、蓄電池設備を別に用意するもので、大規模な施設で用いられます。

　電源別置型非常用照明の蓄電池は、非常時に30分以上点灯できる容量をもつものか、10秒以内に電源確立する即時起動形の自家発電設備、または蓄電池と自家発電設備の組み合わせとなります。電源が照明器具から離れた場所にあるため、電源装置と本体をつなぐ配線には耐火性が必要です。

誘導灯

　誘導灯とは、避難口や避難口へ通じる通路に設置する箱型の照明器具です。避難口誘導灯、通路誘導灯、客席誘導灯の3種類があります。

　避難する方向を示すピクトグラム、予備電源、照明器具から構成されます。誘導灯の示す方向をたどって行くことで、建物の外に避難することができるように配置します。防火対象物の規模や種類に応じて、誘導灯の大きさや明るさなどが決められています。

　劇場や病院、百貨店など、不特定多数が出入りする建物には、原則としてすべての建物に誘導灯を設置する必要があります。共同住宅や工場など、特定の人が使用する建物の場合、地階・無窓階・11階以上の階で、誘導灯を設置する義務が発生します。

　避難口誘導灯は、避難口の位置を明示するためのもので、扉など避難口の上部、屋内から直接地上に通じる出入口、直通階段の出入口などに設置します。

　通路誘導灯は、避難方向を明示するためのもので、廊下や階段、通路などに設置します。通路では、曲がり角などにも設置します。

　誘導灯は、A級・B級・C級の3種類で大きさが区別されています。

非常用照明装置の設置基準 (令第126条の4および防災設備に関する指針2004年版より)

対象建築物	対象建築物のうち 設置義務のある部分	対象建築物のうち 設置義務免除の建築物又は部分
1. 特殊建築物 (一)劇場、映画館、演芸場、観覧場、公会堂、集会場等 (二)病院、診療所(患者の収容施設があるものに限る)、ホテル、旅館、下宿、共同住宅、寄宿舎、児童福祉施設等 (三)学校等(*1)、博物館、美術館、図書館 (四)百貨店、マーケット、展示場、キャバレー、カフェー、ナイトクラブ、バー、ダンスホール、遊技場、公衆浴場、待合、料理店、飲食店、物品販売業を営む店舗(床面積10m²以内のものを除く)	①居室(*2) ②令第116条の2第1項第一号に該当する窓その他の開口部を有しない居室(*3) (無窓の居室) ③①及び②の居室から、地上へ通ずる避難路となる廊下、階段その他の通路 ④①②又は③に類する部分、例えば、廊下に接するロビー、通り抜け避難に用いられる場所、その他通常、照明設備が必要とされる部分	①イ.病院の病室 ロ.下宿の宿泊室 ハ.寄宿舎の寝室 ニ.これらの類似室(*4) ②共同住宅、長屋の住戸 ③学校等 ④採光上有効に直接外気に開放された廊下や屋外階段等 ⑤平12建告示第1411号による居室等(*5) ⑥その他(*6)
2.〔階数≧3〕で、〔延べ面積≧500m²〕の建築物	〔同上〕	上記の①②③④⑤⑥1戸建住宅
3.〔延べ面積>1,000m²〕の建築物	〔同上〕	〔同上〕
4. 無窓の居室を有する建築物	①無窓の居室 ②①の居室から、地上へ通ずる避難路となる廊下、階段その他の通路 ③①又は②に類する部分、例えば、廊下に接するロビー、通り抜け避難に用いられる場所、その他通常、照明設備が必要とされる部分	上記の①②③④

(注)
*1 学校等とは、学校、体育館、ボーリング場、スキー場、スケート場、水泳場又はスポーツの練習場をいう(「建基令」第126条の2)。
学校とは、おおむね学校教育法でいう学校をいい、学校教育法でいう学校とは、小学校、中学校、高等学校、大学、高等専門学校、盲学校、聾学校、養護学校、幼稚園、専修学校及び各種学校をいう。他の法令の規制によるその他の学校(例、各省の組織の中の学校など)は含まれない。
体育館で観覧席を有するもの、又は観覧の用に供するものは、集会場と見なされて除外されない。学校で夜間部が併設されているものは、法規制上は不要であるが、避難上安全を確保するために、避難経路である廊下、階段、屋外への出入口には、原則的に必要であろう。
*2 居室とは、居住、執務、作業、集会、娯楽その他これらに類する目的のために継続的に使用する室をいう。
*3 令第116条の2第1項第一号に該当する窓その他の開口部を有しない居室とは、採光に有効な部分の面積の合計が、当該居室の床面積の1/20以上の開口部を有しない居室をいう。
*4 これらの類似室には、事務管理ビルなどでの管理人室は、長屋もしくは共同住宅の住戸に類する居室と見なされ含まれるが、当直室の場合は不特定の人々が使用する居室に見なされ含まれない。

*5 平成12年建設省告示第1411号による適用除外の居室等を例示すれば、次のとおりである。
(イ)小部屋を含む建物の例
半円で歩行距離を示すのは適当ではないが、具体的な通路の示し方がないので半円で示した。実際の歩行距離によって制限を受けるので注意を要する。
1.小部屋部分は30m以内であり、除外される。
2.大部屋部分は30mをこえる部分があり、この大部屋すべてに設置が必要となる。
3.廊下部分は避難経路となるので設置を必要とする。
4.避難階の直上階、直下階は30m以内が20m以内となるので注意を要する。
*6 その他次の部分は、設置義務が免除できる。
a)ホテル、旅館等において、前室と奥の部屋の間がふすま、障子等随時開放することができるもので仕切られた2部屋は、1部屋と見なしてよいので、避難経路に近い前室に設置すればよい。
ただし、ふすま等を開放した状態で法定照度を確保すること。
b)地下駐車場の駐車スペースは居室に該当せず、車路は、人が通常出入りする通路ではないので必ずしも法的には必要がない。ただし避難のために通路として使用されることがあるので設置することが望ましい。

誘導灯の区分

等級		避難口誘導灯		通路誘導灯(階段に設けるものを除く)	
		高輝度誘導灯	従来形誘導灯	高輝度誘導灯	従来形誘導灯
A級 表面積の縦寸法 0.4m以上		高輝度誘導灯40形	大形誘導灯(40形×2タイプ)	高輝度誘導灯40形	大形誘導灯(40形×2タイプ)
B級 表面積の 縦寸法 0.2m以上 0.4m未満	BH形	高輝度誘導灯20A形	大形誘導灯(40形×1タイプ) (32形・35形×1タイプ)	高輝度誘導灯20A形	大形誘導灯(40形×1タイプ) (32形・35形×1タイプ)
	BL形	高輝度誘導灯20B形	中形誘導灯	高輝度誘導灯20B形	中形誘導灯 大形廊下通路誘導灯(20形×1タイプ)
C級 表面積の縦寸法 0.1m以上 0.2m未満		高輝度誘導灯10形	小形誘導灯	高輝度誘導灯10形	小形誘導灯 中形廊下通路誘導灯(10形×1タイプ)

用語解説

「誘導標識」:誘導標識は誘導灯と同様に、避難口や避難方向を明示するための緑色の標識です。非常用照明設備と一体に設置することで、避難口誘導灯を免除することができます。蓄光式の避難口誘導標識もあります。

Part1 電気設備の種類と法律
Part2 電気工事と配線
Part3 電気設備
Part4 照明設備
Part6 電気通信設備
Part8 エレベーターとエスカレーター
Part7 電気設備の安全とメンテナンス

あかりの
歴史

　人類史上、もっとも重要なものの一つが「火」の発見です。人々は「火」の発見によって「あかり」を手に入れました。

　日本では、開国と同時に海外から「ランプ」が伝わり、明治時代の初期に普及しました。街灯用のあかりとして重用されたのがガス灯です。明治5年、横浜にガス灯がともり、東京や神戸にも広まりました。

　ランプ、ガス灯に続いて、電灯が登場したのは、明治11年3月25日です。電信中央局の開局式で、初めてグローブ電池を使ったアーク灯が点灯しました。日本で初めて電灯が実用化されたこの日は、現在「電気記念日」となっています。そして、1879年にエジソンが電球の点灯実験に成功し、電気による「あかり」が中心になりました。

　蛍光ランプは、1938年に放電ランプとして米国で実用化され、日本には1948年に導入されました。その後、一般住宅へ急速に普及が進みました。1954年には、環形蛍光ランプが製品化され、和室に調和した照明として普及が拡大しました。それまでは、直管形蛍光ランプしかありませんでした。

　近年では新しい光源としてLEDランプが開発され、省エネルギー化が進められています。

電気通信設備

情報通信技術の発達はめざましいものがあります。高度情報化により、オフィスビルにおける電気通信設備の役割は、重要性を増しています。

建物のインテリジェンス性能

電気通信設備の目的は、文字や音声、画像などのデータを必要なときに必要な場所に伝達することです。インターネットや電子メールの普及など、情報通信の高度化は、近年著しいものがあり、オフィスビルにおけるインテリジェンス性能の重要性が高まっています。

オフィスビルなどでは、空調・照明・防犯・防災などの集中制御設備だけでなく、電力・通信需要に対応して、配線に配慮したフリーアクセスフロアなどの設備となっています。

フリーアクセスフロアは、床を二重にして、床下空間の間にネットワーク配線などを行うことができるようにしたものです。OAフロアとも呼ばれます。配線が床上に無いので、通行や椅子の移動に支障がありません。また、配線切断のリスクも少なくなります。

オフィスビルなどでは、テナントの入れ替わりや組織変更によって、レイアウト変更が生じるため、電話やLAN設備の移動にもスムーズに対応できるようにしておくことが大切ですが、フリーアクセスフロアは、後からのレイアウト変更も容易といったメリットがあります。

電気通信設備の計画にあたっては、将来の技術革新に対応できる柔軟性も備えておく必要があります。

電気通信事業法

1985年4月1日に電気通信事業法が施行されました。長く日本電信電話公社（電電公社）と国際電信電話によって独占されてきた電気通信事業を、民間企業に開放することにより、利用者の利益と利便性の向上を図ることになりました。この通信事業における規制緩和が、事業者間の競争を促進し、利用料金の低化とサービスの向上・多様化をもたらしました。

検閲の禁止や秘密の保護など、電気通信事業者は、役務の提供について、不当に差別的取り扱いをしてはならないことなども定められています。

電気通信の工事担任者

工事担任者は、必要な知識と技能をもった者がネットワークや端末設備などの接続工事を行い、監督することで、電気通信回線設備を保護し、利用者が良好で安定した電気通信サービスをうけられるようにするための国家資格です。

令和3年の工事担任者規則の改正により、工事担任者資格種別の名称が変更になりました。IP系サービスを中心とするDD種はデジタル通信（DD第一種・第二種・第三種→第一級・第二級デジタル通信）に、従来の電話サービス・ISDNサービスを中心とするAI種はアナログ通信（AI第一種・第二種・第三種→第一級・第二級アナログ通信）に、AI・DD総合種は総合通信となりました。

電気通信設備の概要

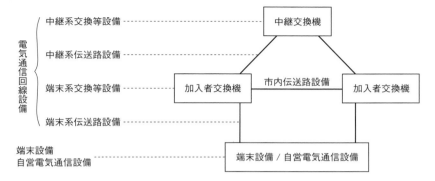

電気通信設備とは、電気通信を行うための機械、器具、線路その他の電気設備をいう

電気通信に関する用語

電気通信	有線、無線その他の電磁的方式により、符号、音響又は影像を送り、伝え、又は受けること
電気通信設備	電気通信を行うための機械、器具、線路その他の電気的設備
電気通信役務	電気通信設備を用いて他人の通信を媒介し、その他電気通信設備を他人の通信の用に供することをいう
電気通信事業	電気通信役務を他人の需要に応ずるために提供する事業をいう。ただし、放送法第118条第1項に規定する放送局設備供給役務に係る事業を除く。
電気通信事業者	電気通信事業を営むことについて、第9条の登録を受けた者及び第16条第1項の規定による届出をした者をいう
電気通信業務	電気通信事業者の行う電気通信役務の提供の業務をいう

（電気通信事業法第2条より）

用語解説	**「インテリジェントビル」**：高度情報化に対応して、電力・通信インフラの強化や、OA化にともなう各種配線の取り回しに配慮した、高付加価値オフィスビルのことです。英語ではスマートビルとも呼ばれます。

Part1 電気設備の種類と法律

Part2 電気工事と配線

Part3 電気設備

Part4 照明設備

Part5 電気通信設備

Part6 エレベーターとエスカレーター

Part7 電気設備の保全とメンテナンス

電話配線

電話設備

電話回線にはもともとアナログ回線・ISDN（デジタル回線）がありました。ただし、アナログ回線とISDN回線は廃止され、IP電話と光電話（光回線）に移行されています。

IP電話は、電話回線ではなくインターネットを利用して通信と通話を行う電話のことをいいます。VoIP(Voice over Internet Protocol)と呼ばれる通信技術によって、音声をデジタルデータに変換することで相手方に伝達します。インターネットを利用しているため、音声だけでなく画像、映像も伝達できます。利用するには、インターネット回線を提供しているプロバイダーに回線を開通してもらう必要があります。固定電話だけでなく、携帯電話でも利用できるのもIP電話の特徴です。

光電話は、光ファイバーケーブルを用いて通信、通話を行う電話のことをいいます。インターネットを利用する点において、光電話はIP電話の一種と考えることもできます。光電話は、電話回線事業者が提供しているサービスのため、利用するにはその業者に開通してもらう必要があります。

PBX

PBXは企業など組織内の電話機を、公衆電話回線網に接続して使用する際に使われる中継機器です。建物の構内に設置されて、外線からの発着信を制御すること、内線電話を接続し合うことがおもな機能です。内線電話接続機能では、企業の一つの拠点内における相互接続だけでなく、専用線を使って、複数の拠点の内線電話を接続することもできます。

電話交換の方式

電話交換の方式には、ダイレクトインライン方式、ダイヤルイン方式、中継台方式などがあります。

(1) ダイレクトインライン方式

外線本数を部署ごとに割り振り、直通で着信させる方式です。ある部署で電話利用頻度が高くなっても、部署間の融通が効かないため、本数が過剰になったり、不足したりする場合もあります。

(2) ダイヤルイン方式

外線本数を全ての部署で共有する方式で、もっとも一般的な方式です。全部署で電話線を融通することができます。

(3) 中継台方式

外線を中継台で交換手が取り、人の手によって転送する方法です。

(4) ビジネスホン方式

ビジネスホン装置で外線や内線の制御を行う方式です。PBXを設置しない小規模事務所などで採用されます。電話機間の内線通話や、外線の保留・転送などの機能をもっています。ダイヤルイン方式のように、少ない外線で多くの電話機に対応できます。

Part1 電気設備の種類と法律

Part2 電気工事と配線

Part3 電気設備

Part4 照明設備

Part5 電気通信設備

Part6 エレベーターとエスカレーター

Part7 電気設備の安全とメンテナンス

MDF（主配線盤）と電話配線

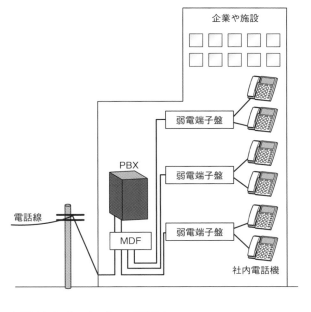

企業や施設

弱電端子盤

弱電端子盤

PBX

MDF

弱電端子盤

電話線

社内電話機

PBXの機能

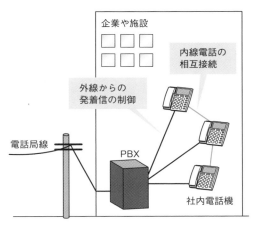

企業や施設

内線電話の
相互接続

外線からの
発着信の制御

電話局線

PBX

社内電話機

電話交換方式の種類

〈ダイレクトインライン方式〉

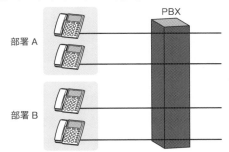

PBX

部署A

部署B

外線をそれぞれに割り振り、
直接着信する

〈中継台方式〉

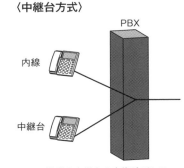

PBX

内線

中継台

外線を中継台の交換手がとり、
内線で転送する

〈ダイヤルイン方式〉

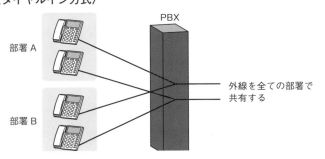

PBX

部署A

部署B

外線を全ての部署で
共有する

用語解説	光回線：光ファイバーを利用した通信回線のことです。光ファイバーは石英ガラス・プラスチックなどを使用した光を通すケーブルのことです。光ファイバーは光の反射・屈折を利用してデータを転送します。従来の電話回線より通信速度が速く、長距離の通信にも適している特徴があります。

ブロードバンドとIP電話

ブロードバンド

通信速度が高速なインターネット接続サービスのことで、ブロードバンドインターネット接続と呼ばれます。

総務省による統計では、通信速度ではなく、FTTH、ADSL、CATVモデムによるインターネット接続が、ブロードバンドインターネット接続となりました。

既存の電話線で、従来使用していた電話よりも広い帯域を用いることで高速の信号が伝送できる技術（ADSL）が、日本でも実用化・普及し、インターネット接続サービス向けに利用できるようになりました。また、2003年ごろからは、光ファイバーを直接・間接にユーザ宅まで引き込むFTTHが普及してきました。

ブロードバンドによるインターネット接続は、定額制のため、通信料金や時間帯を意識せずに利用でき、インターネットの利用形態に大きな変化をもたらしました。

また、高速・常時接続であるため、IP電話サービス、ビデオオンデマンドサービスなどの新しいサービスが普及しています。

IP電話

IP電話とは、FTTHやADSLなどのブロードバンド回線を利用する電話網です。

音声をデータ圧縮・符号化してIPパケットに分割し、比較的安価なIPネットワークによってリアルタイム伝送します。または、電話交換機の代わりに専用のIP電話サーバを利用して、音声を送ります。

現在では、提携グループ同士のIP電話を利用した通話は、時間に関係なく無料となり、長距離や国際通話も格安となっています。

そのため、固定電話市場の全契約数が全体として減少傾向にある一方で、IP電話は増加傾向にあります。

IP−PBX

IP電話端末の回線交換を行う装置です。企業内などのLANで、IP電話を使った内線電話網を構築することができます。外線の公衆電話網とIP電話による内線網の間の中継もIP-PBXが行います。

これまで内線電話網は、専用の電話線とPBX装置を使って構築されていました。IP-PBXを使った内線電話網は、パソコンのIPネットワーク（LAN）を利用して、専用の電話線を配線せずに内線電話網を構築することができます。

内線電話網とコンピュータネットワークを統合することで、コストを削減したり、電話をパソコンで録音したりするなど、電話とパソコンを連動させた使い方ができます。

IP-PBX の機能

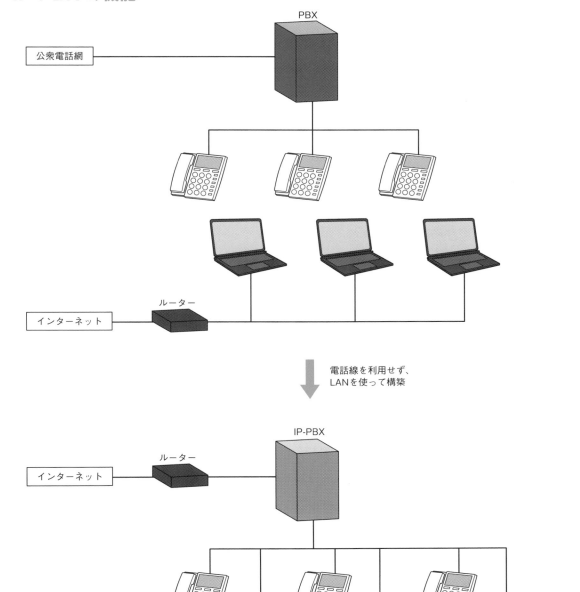

PBX

公衆電話網

ルーター

インターネット

電話線を利用せず、
LANを使って構築

IP-PBX

ルーター

インターネット

Part1 電気設備の種類と法律

Part2 電気工事と配線

Part3 電気設備

Part4 照明設備

Part5 電気通信設備

Part6 エレベーターとエスカレーター

Part7 電気設備の安全とメンテナンス

用語 解説	「FTTH（Fiber To The Home）」：光ファイバーによる家庭向けのデータ通信サービスのことです。家庭の通信回線を光ファイバーに置き換え、次世代の通信インフラとして普及させるのがFTTH構想です。

構内放送の仕組み

建物内の放送設備には、館内放送設備、非常放送設備の他に、会議室やホールで使用する拡声設備、音響設備などがあります。

構内放送設備の構成

構内放送設備は、アンプ、スピーカー、マイクロホンなどから構成されます。

(1) アンプ

アンプは、マイクロホンやCDプレーヤーなどの外部信号を増幅するための機器です。例えば、商業施設の売場では案内放送、通路やエレベータホールではBGMというように、一つのシステムで多数の異なる放送を流すことも可能です。放送の優先順位を設定することで、BGMなどの放送中にマイクロホンによる割り込み放送を行うことも簡単です。

一般的に、5W以下が携帯型、10W〜60Wが可搬型、60Wを超えるものが据置型とされています。

(2) スピーカー

アンプで増幅された電気信号を音に変換する機器です。スピーカーは大きくコーン型、ホーン型に分類されます。コーン型スピーカーは、音質を重視する場所に使用され、ホーン型は駐車場、学校のグラウンドなど、特に大出力が必要となる場所で使用されます。

使用する環境に合わせて、屋内型・防滴型・防水型・防爆型を使い分けます。防爆型のスピーカーは、工場など爆発性のあるガスが発生するおそれのある所で使用します。

天井が低くて面の広い大空間では、スピーカーからの音が天井や床などに反射して、聞き取りにくいことがあるため注意が必要です。

(3) マイクロホン

マイクロホンは、音を電気信号に変換するための機器で「マイク」とも呼びます。マイクロホンで変換した電気信号をアンプに伝送します。

日課放送システムでは、ボイスデータファイルやプログラムチャイムを用いて、音声、チャイムや音楽を流すことも可能です。

ボイスファイルには、商業施設の開店閉店案内や工場の始業終業の案内などの音声が登録されています。

プログラムチャイムは、始業チャイムや案内放送チャイム、不審者侵入時の警告アラームなどが登録されています。

構内放送設備の回路

構内放送設備の計画では、アンプや回路の区分けが大切です。例えば、事務所の執務スペースを無音状態にし、廊下やトイレなどにはBGMを流すことがあります。商業施設では、バックヤードと客用通路や店舗内などを区分けします。区画の用途によって放送する内容がちがうため、放送区域を区分けします。

構内放送設備の構成例

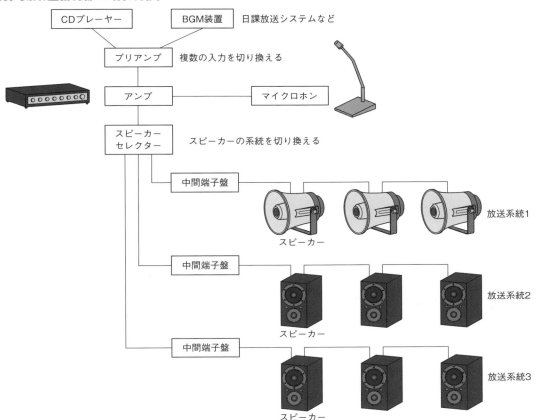

スピーカーの分類

コーン型スピーカー

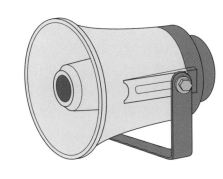

ホーン型スピーカー

用語 解説	**「アッテネーター」**：スピーカーの音量調整をする機器のことです。例えば、学校の教室や事務所など、スピーカーが設置されている箇所の壁面についています。「OFF・1・2・3」のようなツマミ付きスイッチで、On ／ Offと音量を切り替えることができます。

Part1 電気設備の種類と法律

Part2 電気工事と配線

Part3 電気設備

Part4 照明設備

Part5 電気通信設備

Part6 エレベーターとエスカレーター

Part7 電気設備の安全とメンテナンス

非常放送設備

大規模な建物では、非常ベルやサイレンが突然流れるとパニックを起こす可能性があります。収容人数が、50人以上または、地階・無窓階では、音声による火災警報を行うための放送設備の設置が義務づけられています。

非常放送設備は、起動装置・表示灯・スピーカー・増幅器・操作装置・非常用電源などによって構成されます。

スピーカーは、放送区域内の各部分から一つのスピーカーまでの水平距離が10m以下となるように設けます。BGMや館内放送を兼用する場合は、音の明瞭性も考慮して5m以内に配置することもあります。

非常放送のスピーカー

非常放送設備におけるスピーカーには、L級、M級、S級があります。L級は大音量を発生させることができるスピーカーで、100㎡以上の範囲に非常放送を周知させることができます。M級は50㎡を超え100㎡以下、S級は50㎡以下の放送区域となっており、設置する部屋の大きさに合わせて機種を選定します。

音の明瞭性を確保するために、床面から1mの任意の場所で75dBの音圧があること、残響時間が3秒以上の放送区域では、床面からの高さが1mの箇所からスピーカーまでの距離が、直接音と反射音の強さが等しくなる距離の3倍以下になることが必要です。

非常放送設備として使用するスピーカーは、消防認定を受けた製品を使用します。耐熱性があり、80℃の空気中で30分間異常なく鳴動することが可能です。火災時でも非常放送が有効に働くために、非常放送用のスピーカーへの配線は、耐熱性があることが求められます。

アッテネーターを設ける場合は3線式配線とする、スピーカーの配線を系統別単独とするなどの基準もあります。

配線工事においては、放送系統が延焼した場合の安全措置として、二重配線とすることを求められることがあります。

また、全く放送ができない区域が生じないように、スピーカーへの配線は1個飛ばしとします。

非常放送設備の電源

非常放送設備は非常用電源を搭載し、停電時に火災が発生しても支障なく鳴動して、避難を促すことが必要です。

消防法により、①非常電源の容量は機器を10分以上作動できること、②常用電源が停電したときは、自動的に非常電源に切り替えられること、③常用電源が復旧しても、自動的に非常電源から常用電源に切り替えられること、などが定められています。

Part1 電気設備の種類と法律

Part2 電気工事と配線

Part3 電気設備

Part4 照明設備

Part5 電気通信設備

Part6 エレベーターとエスカレーター

Part7 電気設備の安全とメンテナンス

非常放送設備の構成

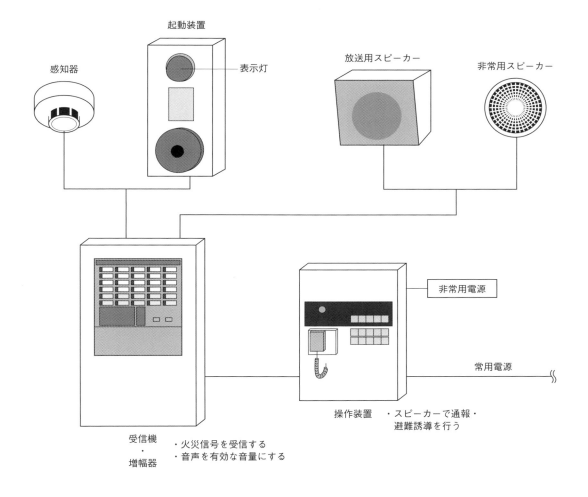

起動装置

表示灯

感知器

放送用スピーカー

非常用スピーカー

非常用電源

常用電源

受信機・増幅器
・火災信号を受信する
・音声を有効な音量にする

操作装置 ・スピーカーで通報・避難誘導を行う

非常放送のスピーカーの種類

種類	音圧の大きさ	放送区域
L級	92dB以上	100m²を超える放送区域 50m²を超え100m²以下の放送区域 50m²以下の放送区域 階段または傾斜路
M級	87dB以上92dB未満	50m²を超え100m²以下の放送区域 50m²以下の放送区域
S級	84dB以上87dB未満	50m²以下の放送区域

（（社）東京防災設備保守協会資料より）

用語解説

「残響時間」：音源が発音を止めてから、残響音が60dB減衰するまでの時間をいいます。音を出す場所の壁・床・天井の素材や、空間の大きさによって残響時間は変わります。一般に素材が固いほど、また空間が大きいほど残響時間は長く、小さな空間では短くなります。

インターホン設備

インターホンは、構内配線のみで構成される構内通話設備です。電話回線などを使用せず、構内だけで完結しています。

インターホンには住宅用と業務用があります。最近では、無線を利用したワイヤレスインターホンも普及しています。

住宅用インターホン

住宅用インターホンは、玄関扉の近くに玄関子機を設置し、室内にインターホン親機を設置するものが一般的です。玄関子機から室内の親機を呼び出して通話します。最近では、玄関子機にカメラが内蔵されているものが多く、玄関扉を開けずに来訪者を確認することができ、防犯性が高くなっています。

近年、マンションのインターホンシステムでは、カメラ以外に管理人室との通話、オートロック開錠、火災報知機の発報表示、録音機能や留守を知らせる伝言メモ機能などが内蔵され、非常に多機能になっています。

カメラが内蔵されているインターホンを門柱や扉前に設置する場合は、高さ1.3mから1.4m程度に設置するのが原則です。高さが適切でないと、訪問者の顔がカメラに映らず、防犯性が損なわれます。また、西側に入口がある建物の場合は、カメラに西日があたると、逆光で訪問者の顔が暗くなってしまい、顔を確認することができません。設置する位置や方向についても注意が必要です。

業務用インターホン

業務用インターホンには、一般用の他に病院で使用するナースコールなどもあります。通話の方式によって、親子式インターホンや相互式インターホンに分類されています。

(1) 親子式インターホン

インターホン親機一台に対し、インターホン子機を接続するシステムです。子機から親機を呼び出すことを主目的としているため、相互に呼び出しが必要な場合には適していません。

(2) 相互式インターホン

接続するインターホンすべてを親機とすることで、お互いに他機を呼び出して、通話ができるシステムです。オフィスや店舗などの各階や、カラオケボックスの受付と個室などで使用されています。

ナースコール

病院内で使用されるインターホンで、複数の入院患者に対し、看護師が患者の状態を把握するためや、相互のコミュニケーションを図るために使用されます。親機をナースステーションに設置し、ベッドサイドに子機を設置します。

親機には、患者の名前、病室番号やベッド番号が表示されており、ベッドサイドの子機からの呼び出しに対して応答します。一斉放送やグループに分けた呼び出しも可能です。

Part1 電気設備の種類と法律

Part2 電気工事と配線

Part3 電気設備

Part4 照明設備

Part5 電気通信設備

Part6 エレベーターとエスカレーター

Part7 電気設備の安全とメンテナンス

マンションのインターホンシステム例

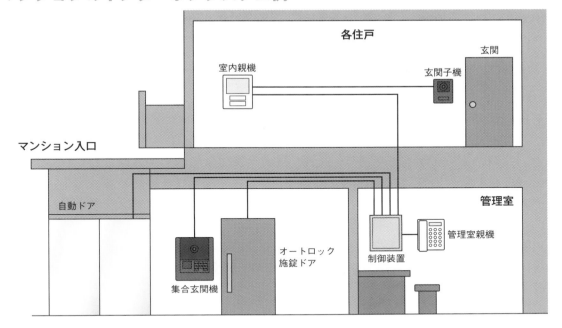

インターホンの通話方式

親子式インターホン

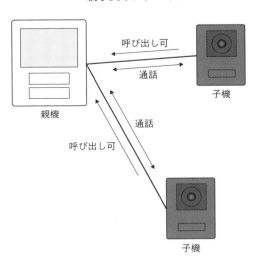

相互式インターホン

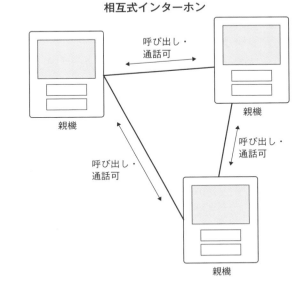

| 用語 解説 | 「オートロック」：オートロックは、ドアが閉まると自動的に施錠する仕組みをもった錠です。来訪者がエントランスに設置された玄関インターホンから訪問したい住戸を呼び出し、居住者が住戸側のインターホンの操作で電気錠を遠隔開錠することができます。 |

テレビ共同受信設備

テレビ共同受信設備とは、マンションやビルなど多くの人が利用する建物で、屋上に共同のアンテナをたててテレビ電波をみんなで受信できるようにした設備です。他に、山間地域など電波の届きにくい地域に設置した難視聴解消施設や、ビル陰などの都市受信障害に関する補償施設、送電線・高架橋・航空機などによる補償施設で、テレビ共同受信システムにより、障害対策を行っています。

テレビ共同受信設備の構成

テレビ共同受信施設は、アンテナ、混合器、増幅器、分配器、分岐器、分波器、同軸ケーブルなどで構成されています。

⑴ アンテナ

共同受信設備は、デジタル放送用のUHFアンテナ、衛星放送用のパラボラアンテナを備えています。UHFアンテナは、素子数が多いほど受信に有利になりますが、大型・高価となるため、一般的には20素子を選定します。

衛星放送用のパラボラアンテナは、900φを標準として選定すれば、比較的大規模なマンションなどでも十分な信号強度を維持できます。

⑵ 混合器

UHFアンテナ、パラボラアンテナなど、異なるアンテナで受信した電波を、一つの電線で伝送させるための混合装置です。アンテナ直近に設置し、電波ができる限り強い状態で混合します。

⑶ 増幅器

増幅器は、受信電波が低い場合や伝送による電波の減衰に対し、電波の強さを確保する装置です。劣化した電波を修復する装置ではありません。品質が保たれる電界強度以下まで減衰する前に、増幅器を通します。

⑷ 分配器

電線の途中に挿入し、信号を均等に分配するための装置です。主幹線の末端部などで、幹線を分けたい場合に使用します。2分配、4分配、6分配、8分配の4種類が標準です。

⑸ 分岐器

伝送路を通る信号を、必要分だけ分岐するための装置です。主幹線からケーブルを分岐する場合に使用します。

⑹ 分波器

入力されたテレビ信号を帯域ごとに分けるための装置です。チューナー装置側にU・BS／CSの端子があり、壁のアウトレットが一つしかない場合は、分波器を設置します。

⑺ 同軸ケーブル

同軸ケーブルは、銅心線を発砲ポリエチレンで絶縁し、周囲をアルミ箔テープで巻き、外周を筒状の銅編組という網状の導体で覆い、ビニルシースで外側を包んでいます。アルミ箔テープと銅編組のシールドで、外部の電波などからテレビ信号を守ることができます。

テレビ共同受信設備の構成例

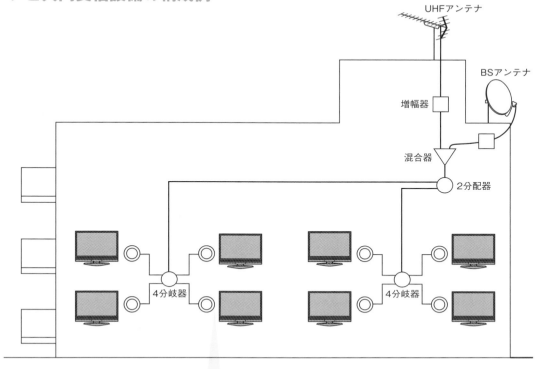

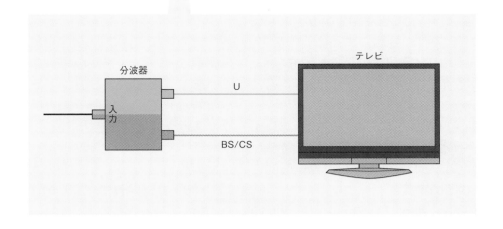

Part1 電気設備の種類と法律

Part2 電気工事と配線

Part3 電気設備

Part4 照明設備

Part5 電気通信設備

Part6 エレベーターとエスカレーター

Part7 電気設備の安全とメンテナンス

用語 解説	「**都市受信障害**」：マンションの陰になるエリアでは、電波が届かなかったり、反射の影響でテレビが映りにくくなったりします。この受信障害を都市受信障害といいます。地上デジタルテレビ放送は、受信障害に強い方式をとっているため、ビル陰などの受信障害をうけることが少なくなります。

有線LANと無線LAN

有線LAN

有線LANは、ケーブルを使用してインターネットとそれぞれの機器間を接続するものです。ケーブル接続のため、使用場所が限定されてしまう反面、①1〜40Gbpsの高速通信ができる、②周囲の電波の影響をうけにくく安定した通信ができるというメリットがあります。

複数台を接続する場合は、ハブと呼ばれる接続口を複数備えた機器を使用します。

無線LAN

無線LANとは、無線通信により特定のエリア内でデータを送受信するネットワークのことです。無線による通信のため、無線エリア内なら配線による制限もなく、好きな場所でネットワークに接続することができます。

無線LANにはさまざまな方式があります。Wi-Fiとも呼ばれるIEEE 802.11シリーズが、パソコンやPDAなどで一般的に利用されています。

最近では、無線LANの欠点とされていたセキュリティ面での弱さを強化した仕様や、スムーズな音声通話を可能にするための仕様などが定められ、今後のさらなる普及が期待されています。

無線LANは、屋外や商業施設で使用するだけでなく、家庭内においてもPC系機器の接続に使用されています。情報家電機器のネットワーク化など、用途が広がっています。

オフィスに無線LANを導入する場合は、エリアごとにアクセスポイントを設けることで、エリア内の自由な位置でネットワークにアクセスすることができます。無線LANを用いるとパソコンの配線をなくすことができるので、見た目もすっきりします。

公衆無線LANは、アクセスポイントへの接続を公衆に提供し、インターネットへ接続できるようにしたサービスです。ホットスポットやlivedoor Wireless、FREESPOTなどがあります。

情報コンセント

壁や床に設けたLANの接続口です。会議室でパソコンを使う場合などに適しています。事前にアウトレットボックスが設置されている場所であれば、簡単に工事を行うことができます。

PLC

PLCは、LANケーブルの代わりに家屋の電気配線と電源コンセントを利用して通信を行う方式です。電波の遮蔽物が多い、距離が離れすぎているというように無線LANが届きにくい場合でも、建物の中で快適にインターネット接続を行うことができます。

有線LANと無線LANの構成

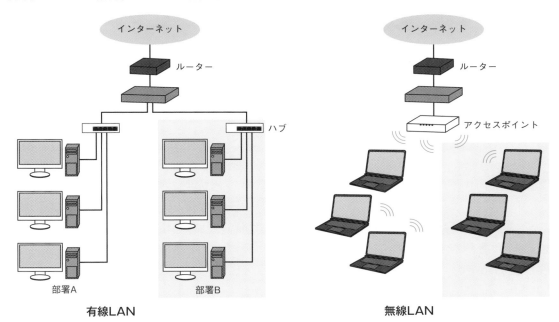

有線LAN

無線LAN

PLCによるインターネット接続

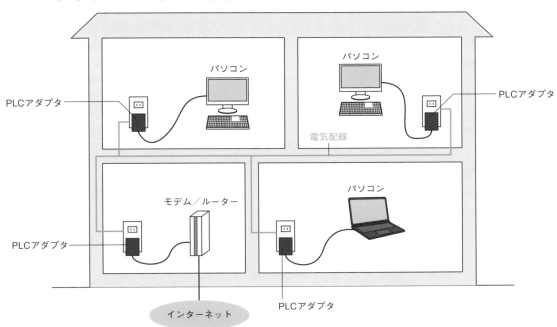

Part1 電気設備の種類と法律

Part2 電気工事と配線

Part3 電気設備

Part4 照明設備

Part5 電気通信設備

Part6 エレベーターとエスカレーター

Part7 電気設備の安全とメンテナンス

用語解説	「ルーターとハブ」：ルーターは、LANで複数のパソコンからインターネットに接続する場合に必要な装置です。ハブは、ネットワーク上のパソコンを接続するための中継装置です。

電気通信配線工事

電気通信配線の種類としては、LAN配線、アンテナ配線、スピーカー配線、ホームテレホン配線などがあります。

LAN配線

LAN配線は、ルーターやハブを基点に一つのハブから複数の端末に接続します。配線部材や機器などの規格によって通信速度が変わるため、注意が必要です。

LAN配線には、スター型、バス型、リング型の三つがあります。

(1) スター型

ハブを中心にして、各端末まで個別に1本ずつ専用の配線をする形態です。階層構造をもつネットワークの構築が可能で、1箇所でシステム管理を行うことができます。ハブが故障した場合は、全コンピュータで互いに通信することができなくなります。

(2) バス型

複数の機器を1本の幹線から枝分かれした形で接続する方式のことです。各コンピュータが木の枝のように接続されています。バス型を採用しているネットワークはあまりありません。

(3) リング型

数珠つなぎのような形で各コンピュータを接続します。ケーブルを二重にすることで、配線の故障や断線などに対して強くなります。基幹用として採用される場合があります。

アンテナ配線、スピーカー配線

アンテナ配線は、アンテナ、分配器などからテレビまでを配線します。設置するテレビの数、電波の強弱によっては、アンテナが受信した信号を増幅する増幅器が必要となる場合があります。

スピーカー配線は、アンプを基点にしてスピーカーまでを配線します。

配線工事

配線工事にはケーブルが使われますが、配線を踏んだり引っ張ったりすることで、ケーブルが断線することがあります。

そこで次のような対処が行われます。

(1) 結束

長さが異なったり、配線が邪魔になったりしたときに、結束バンドなどで結束してきれいにまとめます。強く締めすぎないように注意します。

(2) モールの活用

モールは安価で簡単な配線器具です。非常に多く使われていますが、見栄えに問題があり、足に引っかかることもあります。人通りの多い通路やイスまわりなどは、なるべく避けて配線します。

(3) 隠蔽配線

配線を天井や壁、OAフロアなどに隠蔽して配線します。隠蔽部分では、電灯・動力の電源ケーブルから影響をうけないように、離して配線します。

LAN配線の種類

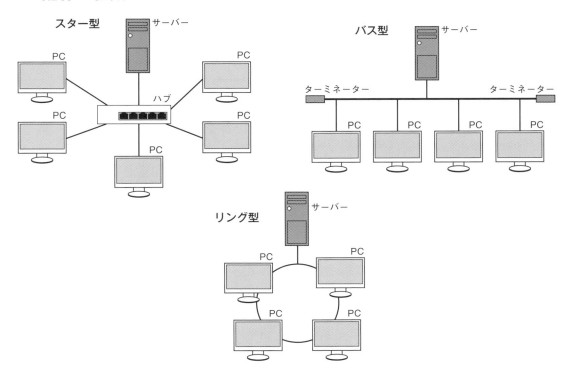

スター型

サーバー

PC　PC　PC　PC　PC

ハブ

バス型

サーバー

ターミネーター　　　　　　　　ターミネーター

PC　PC　PC　PC

リング型

サーバー

PC　PC　PC　PC

モールの種類

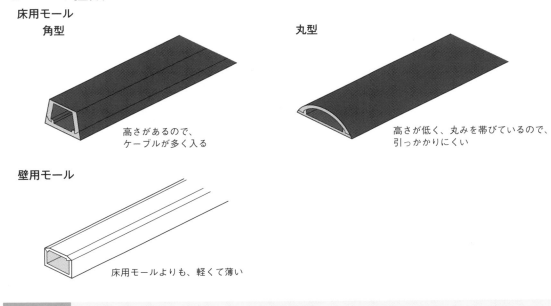

床用モール
角型

高さがあるので、
ケーブルが多く入る

丸型

高さが低く、丸みを帯びているので、
引っかかりにくい

壁用モール

床用モールよりも、軽くて薄い

用語 解説	「OAフロア」：床の上にネットワーク配線などのための一定の高さの空間をとり、その上に別の床を設け二重化したものです。フリーアクセスフロアとも呼ばれます。PCなどのOA機器やLANの普及により、通常の事務所でも一般化しています。

Part1 電気設備の種類と法律

Part2 電気工事と配線

Part3 電気設備

Part4 照明設備

Part5 電気通信設備

Part6 エレベーターとエスカレーター

Part7 電気設備の安全とメンテナンス

電気通信配線材料

通信用ケーブルは、信号を送るための心線とそれを機械的に保護する外被および外装から構成されています。通信用ケーブルをその材料から大別すると、光ファイバーケーブルとメタルケーブルに分かれます。

光ファイバーケーブル

光ファイバーケーブルは、コアと呼ばれる高屈折率部分をクラッドと呼ばれる低屈折率部分が同心円上に囲んでいます。光は一般に、高屈折率媒質に収束される性質を有しているため、通信信号はコアの中に閉じ込められて伝藩し、クラッド部との境界で反射を繰り返しながら進んでいきます。

光ファイバーケーブルは、低損失で広帯域の特徴をもっているため、長距離の通信に適しています。また、軽量で作業性が良いため、長距離の敷設が可能です。接続点を少なくすることができるのも魅力です。

これまでは、おもに通信会社の幹線や企業への高速通信回線の引込線として使われてきましたが、FTTHの進展により、個人宅へも光ファイバーが引かれるようになってきました。

光ファイバーケーブルの接続方法は、「コネクタ接続」と「融着」の2種類があります。

コネクタ接続は、構内ケーブルなど、比較的ネットワーク構成を変更する頻度が高い場所で使われます。光コネクタの形状や先端の研磨方法には、いくつかの種類があります。接続の際は、それらの種類が一致している必要があります。

融着は、接続させたい光ファイバーの先端部どうしを熱して、融解状態になったところを接着するものです。①接続部の信号減衰が少ない、②接続に必要なスペースが少ないというメリットがありますが、①一度接続してしまうと簡単に切り離すことができない、②接続部のケーブルの被覆を取り除くため、その部分が衝撃に弱くなるといった問題があります。

メタルケーブル

メタルケーブルの中でもっとも一般的なものがUTPケーブル(非シールドより対線)です。ツイストペアケーブルとも呼ばれ、構内LANで広く使用されています。UTPケーブルは、心線を2対ずつより線にすることで、内部の雑音を低減し、高品質な通信を可能にしています。

UTPケーブルは、保証する伝送速度、周波数の値によって、カテゴリという区分がされています。カテゴリが大きいほど、高速で高品位な伝送が可能になります。

STPケーブルは、シールドより対線と呼ばれ、ノイズ発生源の多い工場など、特殊用途で採用されることがあります。

光ファイバーの原理

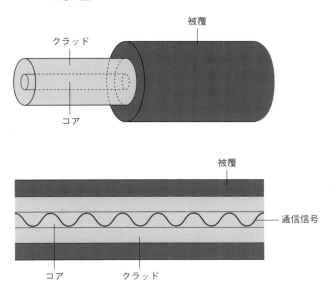

クラッド

被覆

コア

被覆

通信信号

コア　　　　　クラッド

UTPケーブルの構造

UTPケーブルの断面図

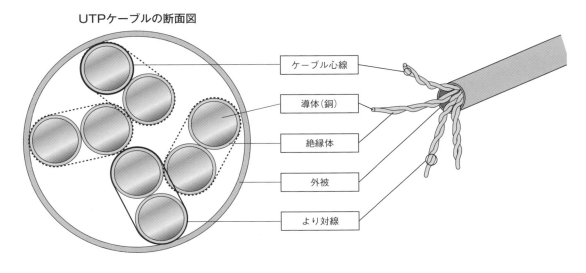

ケーブル心線

導体（銅）

絶縁体

外被

より対線

| 用語解説 | **「VDSL方式」**：VDSL方式は、集合住宅向けの通信方式です。マンションの共用設備までを光ファイバーで接続し、そこから各戸までは既存の電話回線を使用します。電話線を利用するため、大掛かりな工事をせずに済む利点があります。 |

Part1 電気設備の種類と法律

Part2 電気工事と配線

Part3 電気設備

Part4 照明設備

Part5 電気通信設備

Part6 エレベーターとエスカレーター

Part7 電気設備の安全とメンテナンス

監視カメラ設備

監視カメラ

　監視カメラ設備は、カメラで撮影した映像の記録・伝送と処理を行うシステムです。防犯、防災、計測、記録などのために用います。

　防犯用に用いる場合は、事件や事故が発生した場合の記録映像を残すことと、事件を未然に防止するための抑止効果の二つの目的があります。犯行を記録するという目的の場合は、あまり目立たせると効果が低くなるのに対し、事件を防止するためには、よく見えるよう目立たせて設置することが必要です。エレベーターの中や乗り場などにも設置することがあります。

　心理的な犯罪抑止効果を狙って、監視カメラに外観を似せた、録画機能をもたないダミーカメラを設置することもあります。

　防犯用にカメラを設置する場合は、その目的や効果を十分に検討したうえで、最適な設置方法を選択することが大切です。

　近年では、画像処理システムを組み合わせた監視カメラが登場しています。道路に設置して、通過する車両のナンバープレート画像をチェックする自動車ナンバー自動読取装置や、空港などで旅行者の顔を撮影し、犯罪者の顔写真データベースと自動照合をする顔認識システムなどが導入されています。

監視カメラの種類

　監視カメラには、形状別に箱型、ドーム型、特殊形状型などの種類があります。

　機能別には通常の撮影を目的としたもの以外に、自動的に昼夜のモードを切り替えるDay＆Nightタイプや逆光に強いワイドダイナミックカメラ、暗所での撮影に適した高感度タイプや赤外線投光器付きのものもあります。

　遠方や広い場所を撮影するための特殊なレンズを搭載したカメラ、遠隔操作で画角やズームを操作できるPTZ機能付き、詳細な画像を必要とする場合の高解像度型などもあります。

　映像の記録は、ビデオテープを使用するものからハードディスクを使用するものに移行しています。

機械警備設備

　機械警備設備とは、外部からの侵入者を察知し、大音響や光の点滅などで威嚇して犯罪を抑止するシステムです。警備会社に通報するものもあります。機械警備設備は、異常を検知するセンサー、フラッシュライト、制御装置などから構成されています。センサーには、マグネットセンサー、遠赤外線センサー、ガラスセンサーなどがあります。

　建物への侵入だけでなく、設備機器の異常を検知する警備設備もあります。

監視カメラ設備の構成例

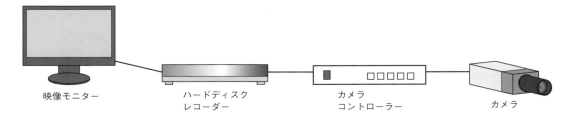

映像モニター　　ハードディスク　　カメラ　　　　　カメラ
　　　　　　　　レコーダー　　　　コントローラー

監視カメラの種類

箱型	ドーム型	特殊形状型

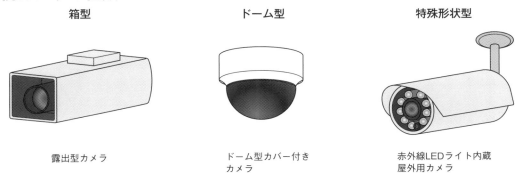

露出型カメラ　　　　　　ドーム型カバー付き　　　赤外線LEDライト内蔵
　　　　　　　　　　　　カメラ　　　　　　　　　屋外用カメラ

機械警備設備の構成例

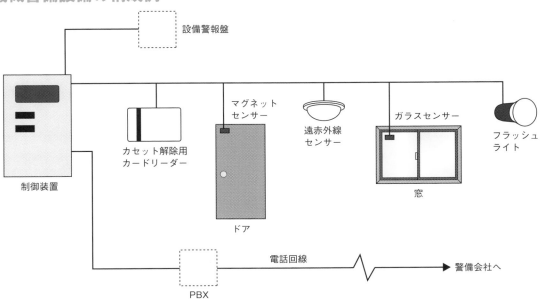

設備警報盤

制御装置

カセット解除用
カードリーダー

マグネット
センサー

遠赤外線
センサー

ドア

ガラスセンサー

窓

フラッシュ
ライト

PBX

電話回線　　　　　　警備会社へ

用語 解説	**「PTZ」**：PTZとは、Pan、Tilt、Zoomの略で、遠隔操作で上下左右に向きを変えることができ、かつズームすることができる機能のことをいいます。

Part1 電気設備の種類と法律

Part2 電気工事と配線

Part3 電気設備

Part4 照明設備

Part5 電気通信設備

Part6 エレベーターとエスカレーター

Part7 電気設備の安全とメンテナンス

建築計画との整合

　これまでは、建築計画の概要が決まった後で、電気設備設計者が計画に参加することが大半でした。しかし最近では、建物における電気設備の重要性が増していることから、計画の当初から電気設備の専門家が参加することが多くなっています。特に、高度な情報通信設備については、その配置が建物の設計に大きく影響を与えるようになっています。

　電源供給設備については、電気室を集中させる場合と、複数に分散させる場合があります。中小規模の建物の場合は、電気室を地下や屋上などに設置します。大規模な建物の場合は、配線ケーブルが長くなるなどの問題があるため、サブの電気室を設けます。敷地に余裕がある場合は、別棟でエネルギーセンターを設置する場合もあります。電気室の設置にあたっては、階高や天井高さの確認なども必要です。発電設備は振動や騒音への配慮も必要になります。

　建物本体の寿命に比べて電気設備の更新寿命は短いため、設備の入替を考慮した計画が必要です。

エレベーターとエスカレーター

建物への来訪者がよく使うのがエレベーターとエスカレーターです。安全な運転を行うためには、仕組みをよく知らなければなりません。

エレベーターの仕組みと構造

エレベーターの分類

エレベーターにはロープ式と油圧式があります。

ロープ式は、モーターでロープを巻き上げてかごを昇降させる仕組みです。従来は昇降路の頂部に、エレベーター機械室を設けて、巻上機を設置していました。近年は、巻上駆動装置をエレベーター昇降路内に収納し、エレベーター機械室が不要となっています。

油圧式は、油圧によってかごを昇降させる仕組みです。油圧能力による限界があるため、低層建築物に用いられています。油圧ポンプをおさめる機械室は、昇降路の最下階近辺に設置します。ロープ式のエレベーター機械室不要タイプが主流となり、設置件数が減っています。

エレベーターは速度による分類もあり、低速、中速、高速、に分類されています。近年、超高層建築物が多数建築されるようになり、エレベーターの速度がエレベーター決定の大切な要因となっています。

エレベーターの構造

エレベーターは次のような設備で構成されています。

(1) 滑車(シープ)

滑車は、エレベーターのロープをスムーズに稼動させるためのものです。

(2) カウンターウエイト

カウンターウエイトは、かごとロープにかかる荷重の差を小さくすることでバランスをとり、ロープと駆動部分との間の摩擦力を生み出させるものです。つり合いおもりとガイドレールから構成されます。

(3) 油圧シリンダー

油圧シリンダーは、油圧によって伸縮する円筒状の装置です。油圧式エレベーターの駆動部分になります。

(4) 油圧ユニット・制御盤

油圧ユニットと制御盤は、油圧シリンダーを制御して、速度や運行管理などを行います。

(5) ピット

ピットはかごが停止する最下階の床面から昇降路床面までをいいます。

(6) 昇降路(シャフト)

昇降路は、エレベーターのかごが昇降するのに必要な専用抗です。

(7) 電磁ブレーキ

電磁ブレーキは、かごを所定の位置に停止させる装置です。電気を通さない状態でブレーキがかかり、電気を通すとブレーキがはずれるようになっています。

(8) 調速機

調速機は、かごが異常加速した場合、振り子の原理で停止させる装置です。

(9) 非常止め装置

非常止め装置は、かごの降下速度が限度を超えると、レールを強い力で挟んでかごを停止させる装置です。

Part1 電気設備の種類と法律

Part2 電気工事と配線

Part3 電気設備

Part4 照明設備

Part5 電気通信設備

Part6 エレベーターとエスカレーター

Part7 電気設備の安全とメンテナンス

おもなエレベーターの構造

ロープ式エレベーター（機械室あり）

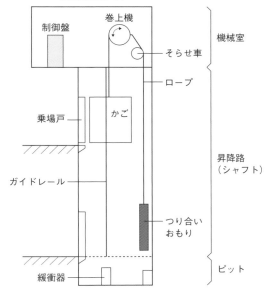

制御盤　巻上機　機械室
そらせ車
ロープ
乗場戸　かご
昇降路（シャフト）
ガイドレール
つり合いおもり
緩衝器　ピット

ロープ式エレベーター（機械室なし）

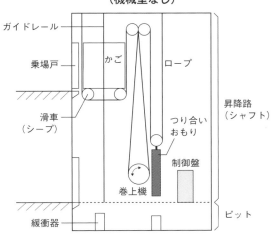

ガイドレール
乗場戸　かご　ロープ
滑車（シーブ）
つり合いおもり
制御盤
巻上機
緩衝器　ピット
昇降路（シャフト）

油圧式エレベーター（直接式）

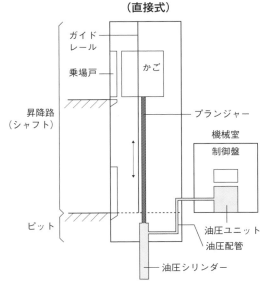

ガイドレール
乗場戸　かご
昇降路（シャフト）
プランジャー
機械室
制御盤
ピット
油圧ユニット
油圧配管
油圧シリンダー

油圧式エレベーター（間接式）

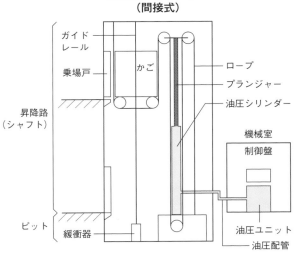

ガイドレール
乗場戸　かご
ロープ
プランジャー
油圧シリンダー
昇降路（シャフト）
機械室
制御盤
ピット
緩衝器
油圧ユニット
油圧配管

用語解説　**「エレベーターの定格速度」**：建築基準法施行令第129条の9でかごに「積載荷重を作用させて上昇する場合の毎分の最高速度をいう」と定義されています。(1)低速は分速45m以下、(2)中速は分速60〜105m、(3)高速は分速120m以上、(4)超高速は分速360m以上となっています。

エスカレーターの仕組みと構造

エスカレーターの構造

エスカレーターは、鉄骨のトラスを上下階の床に掛け渡し、その真ん中を階段が循環するものです。階段は、トラス左右の無端連続鎖に取り付けられ、鎖をモーターで駆動することにより、階段が循環します。長いエスカレーターの中には、傾斜直線部分に複数の駆動ユニットを設けたものもあります。

横幅は、1,200mmと800mm、傾斜角度30度のものが標準的です。近年では赤外線センサによって人の接近を検知し、利用時のみ稼働する省エネタイプのものも増えています。

高齢者の乗降時の不安を軽減するために、乗り口と降り口で水平となる踏み台（ステップ）の枚数を増やしたエスカレーターが主流になってきました。

エスカレーターとほぼ同じ構造をもつものに動く歩道があります。連続的に平らな踏み台をもったベルトコンベア式の輸送機器です。エスカレーターとは、踏み面が平らか階段状かという違いがあります。

エスカレーターの安全装置

エスカレーターは、踏み台や移動手すり（ハンドレール）など駆動部が露出しているため、乗っている人や衣類などを挟むことがあります。そのため、衝撃を感知すると緊急停止する安全装置が設置さ

れています。

エスカレーター内で転倒事故などがあった場合は、すみやかに運転を停止できるように、乗り口付近に非常停止スイッチが設けられています。

また、踏み台と欄干下部のスカートガードの間に利用者の衣服などが挟まれた場合も、エスカレーターは自動的に停止します。スカートガードにそってブラシ状のパーツを取り付け、スカートガードと踏み台のすき間への巻き込みを防止している機種もあります。

エスカレーターの歴史と問題点

現在の原型ともいえる、踏み台状のものが付いたエスカレーターが誕生したのは1900年のことでした。

日本では、1914年（大正3年）、東京・日本橋の三越呉服店（現三越百貨店）にエスカレーターが初めて設置されました。

都市部では、急ぐ人のために片側を空けて乗ることが一般的ですが、日本国内におけるエスカレーターの安全基準は、踏み台上に立ち止まって利用することが前提となっています。歩行者と立って乗っている者とが接触した場合に、バランスを崩した人が転倒する危険性があるためです。

また、エスカレーターは、腕の骨折などの要因によって、片側の手すりにしかつかまる事のできない人に対する配慮不足の問題も指摘されています。

エスカレーターの構造

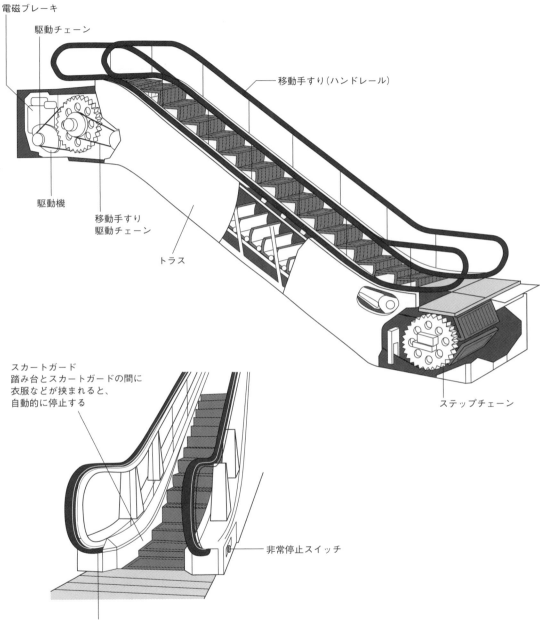

電磁ブレーキ

駆動チェーン

移動手すり（ハンドレール）

駆動機

移動手すり
駆動チェーン

トラス

ステップチェーン

スカートガード
踏み台とスカートガードの間に
衣服などが挟まれると、
自動的に停止する

非常停止スイッチ

インレットガード
ハンドレール入り込み部（インレット部）に衣服などが挟まると、自動的に停止する

Part1 電気設備の種類と法律

Part2 電気工事と配線

Part3 電気設備

Part4 照明設備

Part5 電気通信設備

Part6 エレベーターとエスカレーター

Part7 電気設備の安全とメンテナンス

トラブル事例

2008年8月3日、東京国際展示場西展示棟で、入場者が二人用幅のエスカレーターに踏み台1枚あたり約2名ずつ乗り込んだために故障し、上りエスカレーターが急に自然降下する現象が発生しました。この事故で、10人が負傷したため、その後、集客力の大きいイベントではエスカレーターの利用を制限する動きが見られるようになりました。

エレベーターの配置計画

エレベーターやエスカレーターの台数や配置は、建物の使い勝手を左右する大きな要因となります。建物の使用目的や建物内の交通需要を想定して、適切な計画を立てることが大切です。

建物内の交通需要

交通需要の算出では、単位時間あたりのエレベーターやエスカレーターの利用者数を、できるだけ正確に予測することが大切です。一般的には建物の用途と規模から推定しますが、建物の完成時点と完成数年後では、利用者数が変わることもあるので注意が必要です。利用者としては、建物内の居住者と来訪者があります。

エレベーターやエスカレーターの必要台数は、ピーク時の交通需要で決まります。オフィスビルの場合は、朝の出勤時間の上り、お昼休みの上下などがピークになります。

建物が最寄り駅から近い場合は、電車から降りた人の集中率が高まります。

エレベーターの配置計画

エレベーターを利用しやすくするためには、同じ階のどこからでも歩行距離が短くなるように建物の中心に配置します。また、初めて訪問した際に、容易に確認できる位置に設置することも大切です。

2〜4台をまとめて配置する場合は、隣どうしに並べるか向かい合わせで配置します。5台以上を直線的に並べて配置すると、エレベーターホールの端にいる利用者が、反対側の端に到着したエレベーターに気づかなかったり、乗り遅れたりする可能性があります。

エレベーターホールの広さは、少なくともかごの奥行きよりも広くします。向かい合わせで設置する場合は、奥行きの1.5〜2倍の広さが必要です。ロビーが狭いと乗り降りに時間がかかります。

ゾーニング

超高層ビルでは、低層部・高層部のそれぞれの利用者に公平なサービスを行うために、サービス階のゾーニングを行っています。低層用・中層用・高層用のエレベーターを設置して、乗り継ぎ階も設けます。

ゾーニングを行うことで、急行区間ができ、輸送能力の向上を図ることができます。サービス階の異なるエレベーターは、来訪者の乗り間違えがないように案内表示をするとともに、エレベーターグループ間の区切りを明確にします。

人用のエレベーターと荷物用のエレベーターは、分けて配置する方が効率的です。また階段は、エレベーターホールに近接して設置します。

Part1 電気設備の種類と法律

Part2 電気工事と配線

Part3 電気設備

Part4 照明設備

Part5 電気通信設備

Part6 エレベーターとエスカレーター

Part7 電気設備の安全とメンテナンス

エレベーターホールの広さ（エレベーター4台）

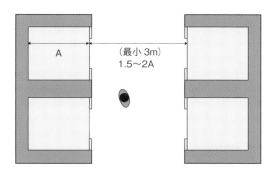

向かい合わせで設置する場合

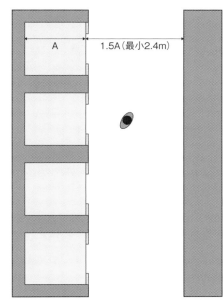

並べて設置する場合

ゾーニングの例

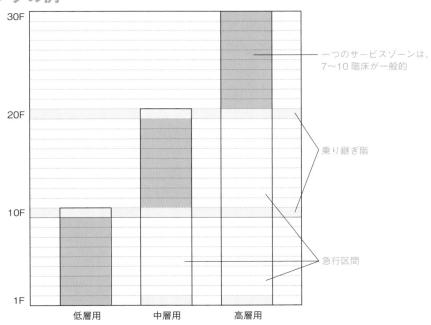

一つのサービスゾーンは、
7〜10 階床が一般的

乗り継ぎ階

急行区間

用語 解説	**「バッファ」**：かごまたはつり合いおもりが、何らかの原因で最下階を行きすぎ、昇降路のピットに衝突した場合の衝撃を緩和するため、ピットの底には安全装置が設けられています。これをバッファといいます。

避雷設備

避雷設備

避雷設備は、雷を避けるための設備ではなく、雷撃を安全な通り道に誘導し、大地に逃がすことによって、雷撃から人や電気設備を保護する設備です。

避雷設備は、落雷を受け止める受雷部、雷電流を安全に伝達させるための電線、雷電流を大地に逃がすための接地極によって構成されています。

建築基準法では、①高さ20mを超える建築物、②煙突、広告塔、高架水槽、擁壁などの工作物および昇降機、ウォータシュート、飛行塔などの工作物で高さ20mを超える部分、について避雷設備の設置が義務づけられています。

消防法では、指定数量の10倍以上の危険物を取り扱う製造所、屋内貯蔵所および屋外タンク貯蔵所に対して、避雷設備の設置が定められています。

ただし、周囲に高い建物がない場合は、5mや10mという低い建築物にも落雷することがあります。また、山や丘陵の頂上や頂上付近にある建築物では、建物の高さが低くても落雷の可能性が高くなります。

同一敷地に多数の建物を建築している場合は、避雷針を共用することが可能です。2003年に新JISと呼ばれる避雷設備の新規格が制定されました。旧JISでは、避雷針や避雷導体の先端から、角度60度の斜線を引いた範囲の内側が保護されていることになっていましたが、新JISでは、建築物の高さによって保護レベルを4段階に設定しています。

受雷部の保護範囲

雷の対策としては、雷を早期に補足し、発生した雷電流を大地に安全に放流する方法が一般的です。

受雷部を屋上や屋根部に設置し、雷撃は引き下げ導体によって大地に送り、接地極によって大地に拡散します。受雷部は、回転球体法や角度法、メッシュ法など選定した手法にもとづいて、受雷部の位置や高さを計画します。従来はほとんどが角度法による設計でしたが、新JISの制定により、角度法と回転球体法を組み合わせた設計事例が多くなっています。

避雷針を選定する場合、全長が長すぎると、振動音を躯体に伝搬させ、下階に居住する人に、不快音や振動公害を与えることになります。

棟上げ導体は、パラペットやフェンスに設置する受雷部として代表的な部材です。パラペットやフェンスに棟上げ導体を設置する場合、棟上げ導体から直線距離で10mまでが保護範囲になります。しかし、棟上げ導体の水平断面よりも高い位置に対しては保護できません

鉄骨造の場合は、構造躯体の鉄骨が電気的に接続されていますので、接地を確保することができます。個別接地を行う場合は、銅板を地中に埋設します。

避雷設備の構成例

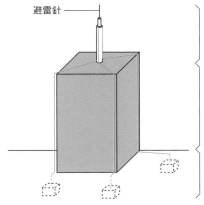

避雷針 ── 受雷部システム

引き下げ導線システム
・雷電流を安全に伝達させるための電線

接地システム
・雷電流を大地に逃がすための接地極

受雷部の保護範囲

角度法

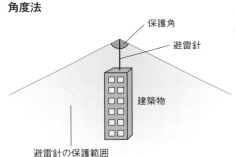

保護角
避雷針
建築物
避雷針の保護範囲

避雷針上端から、
その上端の鉛直線に対して
保護角で定める稜線内側が
保護範囲

メッシュ法

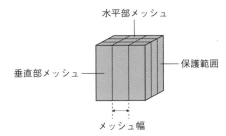

水平部メッシュ
保護範囲
垂直部メッシュ
メッシュ幅

メッシュ導体で覆われた
内側が保護範囲。
回転球体法の保護範囲から
外れた部分に適用

回転球体法

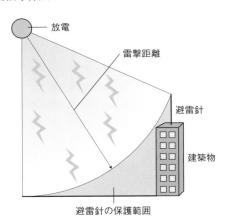

放電
雷撃距離
避雷針
建築物
避雷針の保護範囲

雷撃距離を半径とした球体が、
受雷部と大地または二つ以上の
受雷部に接するよう想定したときの、
球体表面の包絡面から建築物側が保護範囲

用語解説 「パラペット」：屋上などの外周に、外壁にそって立ち上げた腰壁・手すり壁です。防水効果を高めることと先端を保護するために設けています。

Part1 電気設備の種類と法律

Part2 電気工事と配線

Part3 電気設備

Part4 照明設備

Part5 電気通信設備

Part6 エレベーターとエスカレーター

Part7 電気設備の安全とメンテナンス

エレベーターの歴史

　エレベーターは、紀元前236年の古代ローマ時代に生まれました。考案したのは、浮力の発見や正確な円周率を求めたことで有名なアルキメデスといわれています。人力で荷物を昇降させるためのものでした。

　1835年に蒸気機関によるエレベーターが登場しました。産業革命によって、エレベーターは飛躍的な進化をとげました。しかし、エレベーターの安全性については課題が残されていました。

　1852年に、E・G・オーチスにより発明された「非常止装置」がエレベーターの安全装置の始まりです。安全装置を備えたエレベーターにオーチス自らが乗り込み、集まった多くの人の前でロープを切らせることで、その安全性を実証しました。

　1903年にカウンターウエイト方式が登場しました。「つり合いおもり」と訳されるこの方式は、井戸のつるべと同じ原理で、エレベーターのかごとロープで結ばれた反対側におもりを吊るすことで、かごを効率よく昇降させることができます。

　カウンターウエイト方式の登場により、高層ビルへのエレベーター設置も可能になり、安全性能が飛躍的に向上しました。

電気設備の安全とメンテナンス

電気は目に見えず、臭いもしないため、危険性について十分に知っておく必要があります。メンテナンスを怠ると、設備の障害が生じるだけでなく、感電などの事故にもつながります。

電気の災害とその原因

電気の災害には、人身災害と設備災害があります。人身災害の対象は、おもに作業者ですが、感電や作業時の落下物により、一般の人が被災する場合もあります。

災害の原因

災害の原因には、人的要因と物理的要因があります。

(1) 人的要因

知識・経験の不足、慣れ、確認不足、集中力不足、あせりなどにより間違った作業をしてしまうことがあります。安全意識の向上や作業手順の確認などが大切です。

(2) 物理的要因

設備の老朽化、防護装置や保護具の整備不良、欠損で感電などの被害が発生することがあります。

感電

電気は目で見ることができないため、危険を予知することが難しいという特徴があります。

感電の人体に与える影響は、①通電電流の大きさ、②通電時間、③通電経路、④電源の種類（交流・直流）、⑤周波数・波形（交流の場合）などにより異なります。特に、電流の大きさと通電時間は人体に大きな影響を与えます。

国際電気標準会議(IEC)では、感電電流と通電時間の関係を、人体への危険度によって四つの領域に分けています。

(1) 不感知電流

0.5mA以下の電流で、感電の危険はありません。

(2) 感知電流

1〜5mA程度の電流で、多くの人がチクチクする程度に感じますが危険はありません。

(3) 離脱電流

10mA以上の電流では、筋肉のけいれんや神経のマヒが起こり、感電部分から離れようとしても自力で離れることができません。通電時間が長くなると危険な状態になります。

(4) 心室細動電流

おおむね50mA以上の電流で、心臓の筋肉にけいれんが起こり、正常な脈動ができなくなったり、呼吸機能が停止したりし、死に至る危険が高くなります。

感電した人を助けようとして、二次的な感電を起こす場合もあります。まずは、電源を切ることが大切です。

電圧が高くなると、充電部に触れなくても近づくだけで引きつけられ、感電する場合があります。労働安全衛生規則では、接近限界距離が定められています。

感電事故では、反射的な動作で墜落や転倒などの災害になる場合もあります。また、電気によるやけどを起こす場合もあります。

Part1 電気設備の種類と法律

Part2 電気工事と配線

Part3 電気設備

Part4 照明設備

Part5 電気通信設備

Part6 エレベーターとエスカレーター

Part7 電気設備の安全とメンテナンス

通過電流と通電時間による人体への影響

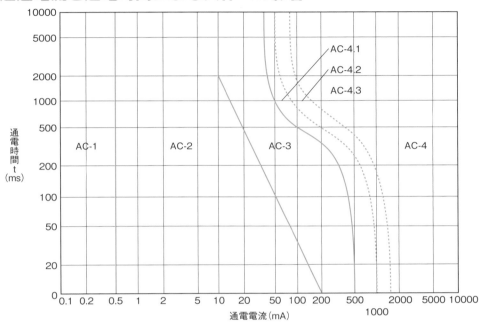

[電流 / 時間領域と人体反応]

AC-1…無反応

AC-2…有害な生理的影響なし

AC-3…器質性の損傷はないが、電流が2秒以上持続すると、けいれん性の筋収縮や呼吸困難の可能性がある。心室細動なしの一時的な心停止や心房細動を含んだ回復可能な心臓障害を生じる。

AC-4…領域3の反応に加えて、心停止、呼吸停止、重度のやけどといった病生理学上の危険な影響が起こる。

　AC-4.1…心室細動の確率が約5％まで。

　AC-4.2…心室細動の確率が約50％まで。

　AC-4.3…心室細動の確率が約50％超過。

((社)日本電気技術者協会資料より)

用語解説	「ハインリッヒの法則」：重大事故が発生するまでには、軽度の事故やひやりとする予兆が、多く発生しているというものです。重大事故１件の前には、軽度の事故29件、予兆300件が発生しているといわれています。ひやりとした段階、で事故を未然に防止する対策を行うことが大切です。

電気の災害防止策

電気の災害を防止するために、労働安全衛生法や労働安全衛生規則、電気設備技術基準などにより、安全の基準が定められています。

作業環境整備

作業環境の整備では、立入区域の明確化と作業場の整理整頓、作業手順の徹底が重要です。

立入禁止区域には囲いを設け、関係者以外立入禁止を明示します。作業者が誤って触れたり誤操作を行ったりしないように、禁止操作の表示も行います。

作業現場は整理整頓して、不要なものを廃棄するとともに、十分な明るさを確保して危険を防ぎます。また、滑ったりつまづいたりしないように、通路の安全を確保します。

作業ミスのないように、作業手順の確認を行います。作業者自身の健康状態も確認します。悪天候時には、作業を中止することも必要です。

作業用具と保護具

電気作業時に安全を確保するための用具に検電器があります。機器や電路が停電状態であることを確認してから作業を行います。

高圧、低圧の活線作業では、絶縁用保護具を着用することが労働安全衛生規則により定められています。また、周囲の充電部で作業者が接触または接近による感電のおそれのあるものには、絶縁用防具を設置するよう規定されています。

高圧、低圧の活線接近作業で作業者が保護具を着用するか、防具を設置しなければならない範囲は、右図の通りです。

絶縁用保護具は、労働安全衛生規則で「六月以内ごとに一回、定期的にその絶縁性能について自主検査を行わなければならない」と定められています。

保護具は、種別ごとに定められた電圧に、1分間耐えるものでなければなりません。保護具には次のようなものがあります。

①電気用保護帽は、頭部を感電や衝撃から守ります。②ゴム手袋は、手からの感電を防ぎます。③絶縁衣は、肩や腕、背中からの感電を防ぎます。④電気用長靴は、足からの感電を防ぎます。

防具は充電電路またはその近くに取り付けて、作業者が接触あるいは接近によって感電災害をうけることを防ぐものです。電線に付ける絶縁防護管、碍子カバー、隔離板、ゴムシートなどがあります。

漏電遮断器と接地

漏電遮断器は、規定値以上の漏れ電流が流れた場合に、自動的に回路を遮断するものです。人が容易に触れるおそれがある電路に設置します。

接地は、漏電による感電を防ぐために、器具の外装や金属管などを大地と電気的に接続することです。

絶縁用保護具着用の範囲

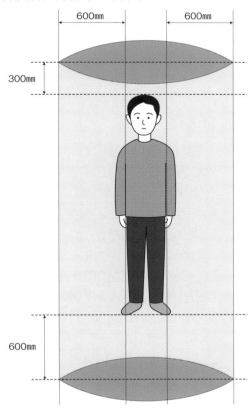

図の数値より接近して作業する場合、
絶縁用保護具を着用するか、防具を設
置しなければならない

保護具の耐電圧値

絶縁用保護具の種別	電圧〔V〕
交流の電圧が300Vを超え600V以下である電路について用いるもの	3,000
交流の電圧が600Vを超え3,500V以下である電路または直流の電圧が750Vを超え3,500V以下である電路について用いるもの	12,000
交流の電圧が3,500Vを超え7,000V以下である電路について用いるもの	20,000

（（社）日本電気技術者協会資料より）

用語解説	「電気用保護帽」：電気作業においては、FRP製および通気孔のある保護帽の使用が禁止されています。通気孔などの穴を通して感電するおそれがあるためです。FRPは、材質の性格上存在する極小さな隙間から通電するおそれがあります。

Part1 電気設備の種類と法律

Part2 電気工事と配線

Part3 電気設備

Part4 照明設備

Part5 電気通信設備

Part6 エレベーターとエスカレーター

Part7 電気設備の安全とメンテナンス

雷対策

雷の被害には、大気中で発生した雷が直接電気設備や機械設備を直撃するものと、雷の電流が建物の内部に侵入して、金属部との電位差による絶縁破壊を引き起こすものがあります。

雷の種類

(1) 直撃雷

建造物、工作物、人、木などに、直接落雷するものです。避雷設備のない建物などに落雷すると、大地に雷電流が抜ける過程で、電気機器類に大きな被害をおよぼします。

(2) 側撃雷

物体に落雷した電流が、周囲の物体に再放電するものです。高い木などに落雷した場合に樹木の電位が上昇し、付近の物件に向かって再放電します。

(3) 誘導雷

落雷すると、直撃されたものに多量の電流が流れると同時に、その付近には非常に強い電磁界が生じます。そして、電磁誘導現象により近くにあるものにも高い電圧が発生します。その結果、雷撃をうけたような高電圧状態になることをいいます。

(4) 侵入雷

侵入雷は、建物や木などへの落雷電流が大地に十分浸透せず、配電線や通信線に侵入することです。建物の接地極・接地線を介して、建物内部に影響をおよぼします。

雷の侵入経路

雷の放電や落雷によって、電源線や通信線に瞬間的な高電圧や過電流が流れることを雷サージと呼びます。アンテナのある機器に落雷があると、機器を経由して建物内に雷サージが入り、他の設備や機器にも侵入します。また、付近に落雷があると、雷サージの一部が配電線や通信線、接地などから建物内の設備、機器に侵入することがあります。

落雷では、1万分の1秒間という短い時間に、通常の電流の1万倍もの電流が流れます。設備や機器の本来電気を流さない部分に雷サージが侵入すると、その通路となった部分が破壊されます。設備の破壊だけでなく、火災の原因になることもあります。

雷対策

(1) 外部雷保護システム

避雷針で雷をうけて安全、速やかに雷電流を大地に放流させるしくみで、避雷設備が該当します。

(2) 内部雷保護システム

接地を連接し等電位化することで、雷電流による誘導を抑制するものです。等電位化とは、建物内の鉄筋・鉄骨や水道管、ガス管、電気・通信機器などを接続して同じ電位にすることです。電源線や通信線は直接接続できないので、避雷器を介して接続します。

等電位化の仕組み

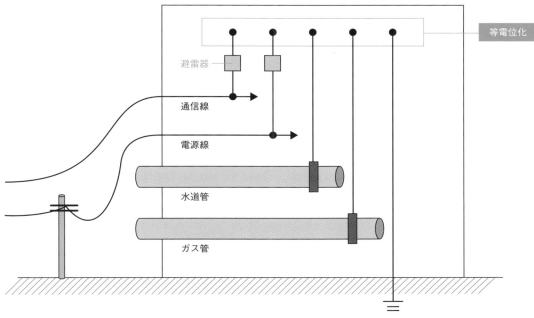

等電位化

避雷器

通信線

電源線

水道管

ガス管

避雷器のはたらき

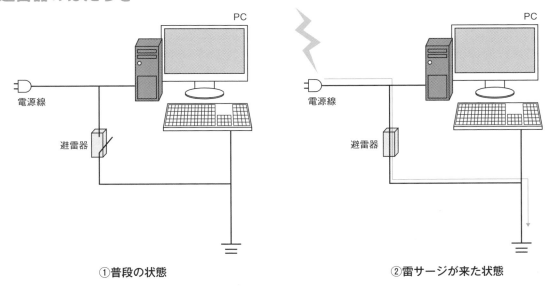

PC

電源線

避雷器

①普段の状態

PC

電源線

避雷器

②雷サージが来た状態

Part1 電気設備の種類と法律

Part2 電気工事と配線

Part3 電気設備

Part4 照明設備

Part5 電気通信設備

Part6 エレベーターとエスカレーター

Part7 電気設備の安全とメンテナンス

用語解説	**「雷発生のしくみ」**：強い上昇気流が発生している雲は、電荷の分離が生じ、上方にプラス電荷、下方にマイナス電荷が集積します。この雲が発達すると、集積した電気が多くなり高電圧が生じます。結果、空気の絶縁を超えてプラス電荷とマイナス電荷が放電を起こします。雲の中で発生するものが雲放電で、雲と地上の間に発生するものが落雷です。

電気設備の保安体制と安全管理

電気設備の故障

電気設備は危険性が極めて高く、操作や保全を誤ると、故障や大事故につながりかねません。電気は目に見えず臭いもしないため、扱いにくいという特徴があります。

故障時には、作業者が日常と異なる作業をするため、事故の要因にもなります。故障は、軽度故障、重度故障、人身や機材に重大な損傷を与える致命的故障に分類されます。

保全管理

電気設備の保安業務は保安規定にもとづいて行います。保安規定では、①保安管理組織、②電気主任技術者の職務、③保安業務、を明確にします。

保安規定にもとづく点検には、日常点検、定期点検、臨時点検があります。

(1) 日常点検

運転状況を確認する巡視点検は毎日行いますが、それ以外に、個々の電気設備や配線について、目視を中心に点検します。一般的には1カ月周期で、あらかじめ定めた点検項目について、手順にしたがって行います。運転中の電気設備を検査するため、近づけない場合もあります。その場合は、照明用のライトや双眼鏡を使用します。

締め付けのゆるみ、設備の異音・振動、さび・腐食、絶縁物の破損、電線被覆の劣化、計器の指示値などを確認します。また、建物の雨漏りや設備の水滴などにも注意します。

(2) 定期点検

定期点検には年次点検と特別点検があります。

年次点検は、電気設備を停電し測定器具を用いて点検します。必要に応じて分解点検作業も行います。その場合は、設備メーカーの協力も必要になります。停電することも含めて、関係者との事前調整や点検スケジュールの立案が重要です。電気設備の図面、配線図、過去の点検記録なども準備しておきます。

特別点検は、設備ごとに定められた周期で、精密な点検を行うものです。設備を分解して、手入れや部品交換、異常部分の補修を行います。

(3) 臨時点検

電気事故や異常が発生した場合、または異常の発生が予測されるときに行います。日常点検時の異常発見・予見だけでなく、台風による雨漏りや雨水の吹き込み、夏季の気温上昇など、気候条件の影響にも注意して、点検の必要性を検討します。

いずれの点検においても、防護具、保護具、工具などは損傷・劣化のないことを確認し、服装を整えて作業を行います。

Part1 電気設備の種類と法律

Part2 電気工事と配線

Part3 電気設備

Part4 照明設備

Part5 電気通信設備

Part6 エレベーターとエスカレーター

Part7 電気設備の安全とメンテナンス

点検の区分と内容

点検の区分		点検頻度・点検方法
巡視点検		主として、運転中の電気設備を1日〜1週間程度の頻度で巡回しつつ、目視などにより異常の有無を判定する
日常点検		短期間（1週間から1カ月程度）の頻度で主として運転中の電気設備を目視などにより点検する
定期点検	年次点検	比較的長期間（6カ月から1年程度）の頻度で主として電気設備を停止し、目視、測定器具などにより点検、測定および試験を行う
	特別点検	長期間（2年から5年程度）の頻度で主として電気設備を停止し、目視、測定器具などにより点検、測定および試験を行う
臨時点検		電気事故、その他異常が発生したときの点検と、異常が発生するおそれがあると判断したときの点検。点検・測定・試験によってその原因を探求し、再発防止するためにとる措置を講ずる

定期点検の作業手順

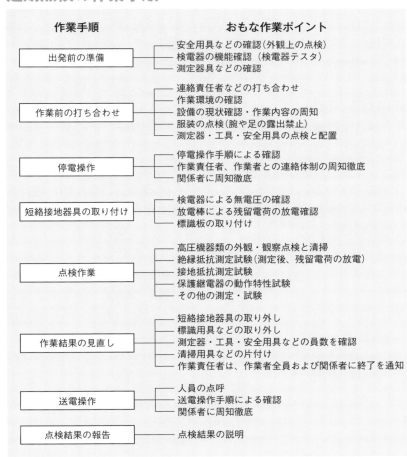

作業手順	おもな作業ポイント
出発前の準備	・安全用具などの確認（外観上の点検） ・検電器の機能確認（検電器テスタ） ・測定器具などの確認
作業前の打ち合わせ	・連絡責任者などの打ち合わせ ・作業環境の確認 ・設備の現状確認・作業内容の周知 ・服装の点検（腕や足の露出禁止） ・測定器・工具・安全用具の点検と配置
停電操作	・停電操作手順による確認 ・作業責任者、作業者との連絡体制の周知徹底 ・関係者に周知徹底
短絡接地器具の取り付け	・検電器による無電圧の確認 ・放電棒による残留電荷の放電確認 ・標識板の取り付け
点検作業	・高圧機器類の外観・観察点検と清掃 ・絶縁抵抗測定試験（測定後、残留電荷の放電） ・接地抵抗測定試験 ・保護継電器の動作特性試験 ・その他の測定・試験
作業結果の見直し	・短絡接地器具の取り外し ・標識用具などの取り外し ・測定器・工具・安全用具などの員数を確認 ・清掃用具などの片付け ・作業責任者は、作業者全員および関係者に終了を通知
送電操作	・人員の点呼 ・送電操作手順による確認 ・関係者に周知徹底
点検結果の報告	・点検結果の説明

（（社）日本電気技術者協会資料より）

用語解説

「保安規定」：自家用電気工作物設置者が電気工作物の工事、維持および運用に関する保安の確保を目的として定めるものです。電気工作物の保安管理組織、保安業務の分掌、指揮命令系統などの社内保安体制とこれらの組織によって行う具体的保安業務の基本事項を取り決めます。

測定機器と測定方法①

電気は見ることができないため、電圧、電流、抵抗、温度などを測定することによって電気設備の診断を行います。

回路計

電気設備の点検で基本となるのが回路計です。テスターとも呼ばれ、1台で、電圧、電流、抵抗など各種の測定を行うことができます。小型・軽量で携行しやすいため、点検や修理に広く用いられます。

異なるレンジで目盛りを共有するため、測定する値が未知である場合は、まず最大のレンジで目安的に確認し、その後、低いレンジに切り換えて測定します。

原則として弱電回路用のため、住宅の配線や電子機器が対象となります。強電回路で使用すると、感電につながる可能性があります。

検電器

検電器は、その部位が電気を帯びているか否かを判別するために用いる測定器です。現場で、電気がきているか停電状態かを確認するために用います。電気設備の点検作業時に、感電を防ぐために欠かせない機器です。

電気設備の点検では、停電操作を行っても充電状態で電気が残っていることや他の作業者による誤送電もありますから、必ず、検電器による確認が必要です。

検電器は、絶縁物ケースに検出部を組み入れた構造となっています。検出部の一端

（検知部）を電路にあて、電路→検出部→検出部の対地浮遊静電容量→大地の経路で流れる微小な電流を検出して測定します。発光や発音の表示によって、電路の充電、停電を判別することができます。

従来から使用されているネオン管式検電器は、構造が簡単で電源が不要という長所があり、広く普及していましたが、輝度が弱いため、点灯の確認が難しいことがありました。さらに近年、高圧配電線に絶縁電線が使用されるようになり、ネオン管式検電器では停電の確認がしにくくなっています。

電子回路式検電器は、検電器の内部に電池と増幅回路を内蔵しているため、絶縁電線の上からも検出が可能です。表示灯や音響で検出結果を示します。

検電器での測定にあたっては、以下のような点に注意します。

①測定対象の電路について、検電器の使用電圧範囲が適合しているかどうかを確認します。

②測定前には、検電器の破損・汚れ・傷・ひびなどの有無を点検します。

③検電器チェッカを用いて、検電器の検出動作が正常であることを確認します。

④検電中は、検電器の握り部分以外触れないようにします。

⑤検知部を電路に正しくあてます。

回路計

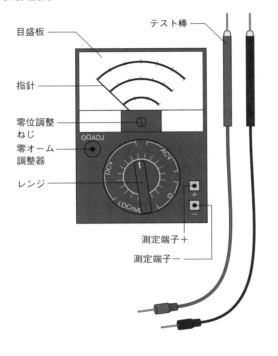

- 目盛板
- テスト棒
- 指針
- 零位調整ねじ
- 零オーム調整器
- レンジ
- 測定端子＋
- 測定端子－

検電器の原理

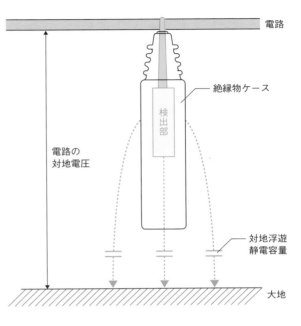

- 電路
- 絶縁物ケース
- 検出部
- 電路の対地電圧
- 対地浮遊静電容量
- 大地

検電器のあて方

正しいあて方

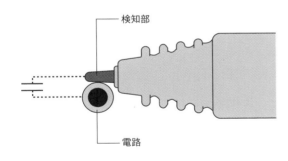

- 検知部
- 電路

誤ったあて方

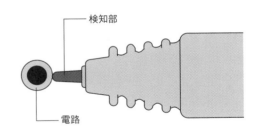

- 検知部
- 電路

用語解説	**「弱電と強電」**：弱電は、電気的な信号を伝えること、あるいはその電気信号で何らかの機器を制御するものへの電器供給を指します。強電は、電力を消費して動作する機器の動力源として電気を供給することです。

Part1 電気設備の種類と法律
Part2 電気工事と配線
Part3 電気設備
Part4 照明設備
Part5 電気通信設備
Part6 エレベーターとエスカレーター
Part7 電気設備の安全とメンテナンス

測定機器と測定方法②

クランプ式電流計

クランプ式電流計は、配線をクランプする(挟み込む)ことにより、通電状態のままで電流を測定することができる測定器です。クランプメーターともいい、電線を1本ずつ挟んで測定します。電流の流れる電線の周りに発生する磁界をクランプメーターの変流器の鉄心でひろって、その鉄心に巻いてあるコイルに発生する電流を測定します。

回路計で電流を測定する場合は、配線を切断して電流測定回路をつなぐ必要があり、運転が中断できない設備機器では、電流が測定できないこともありました。

クランプ式電流計は、配線をクランプするだけで電流を測定することができるため、回路への影響も少なく、大電流も簡単に測定することができます。

測定時には、下記のことに注意します。
①測定する回路の電圧にあわせたものを使用します。
②クランプの分割部に異物を挟んだり汚損したりしないように注意します。
③測定時はクランプをきちんと閉じ、架線が中心に来るようにして測定します。
④他の磁気の影響をうけないように注意します。

絶縁抵抗計

電力回路の絶縁抵抗試験に使われる保守点検用電気計測器です。回路の対地間や線間の絶縁が保たれているかどうかを、25〜2,000Vの直流電圧で測定します。現在では、電池式が一般的で、アナログのものとデジタルのものがあります。メガーとも呼ばれます。

絶縁抵抗試験では、対地間絶縁抵抗測定と、線間絶縁抵抗測定があります。対地間の絶縁抵抗は、通常漏電や感電の危険度を測定するために行います。線間の絶縁抵抗は、短絡事故の危険度を測定するために行います。

絶縁不良の原因は、湿気、ほこり、油汚れによるものが多くなっています。絶縁抵抗値は、測定時の天候、気温、湿度にも大きく左右されます。電気設備の使用状況や周辺環境、気象条件を考慮して絶縁状態の適否を判断します。

接地抵抗計

接地抵抗計は、接地極と大地との間の接地抵抗を測定する機器です。接地抵抗計は0〜1,000Ωの測定ができるようなものが一般的です。

接地極と直列に並ぶ任意の2点間の抵抗の測定を行い、この合計3点の間に対して各抵抗値が得られます。これを計算して接地抵抗を求めます。

照度計

光電効果を利用して光を検出し、電子回路でそれを測定する機器です。

Part1 電気設備の種類と法律

Part2 電気工事と配線

Part3 電気設備

Part4 照明設備

Part5 電気通信設備

Part6 エレベーターとエスカレーター

Part7 電気設備の安全とメンテナンス

クランプ式電流計の特徴

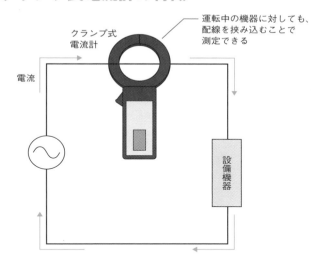

クランプ式
電流計

運転中の機器に対しても、
配線を挟み込むことで
測定できる

電流

設備機器

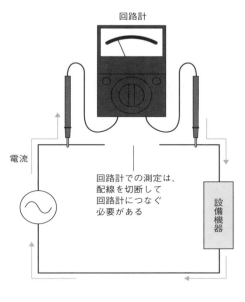

回路計

電流

回路計での測定は、
配線を切断して
回路計につなぐ
必要がある

設備機器

絶縁抵抗計

（写真提供：日置電機（株））

照度計

（写真提供：（株）シロ産業）

用語解説	「光電効果」：物質が光を吸収した際に物質内部の電子が励起されること、もしくはそれにともなって電子が飛び出したり、光伝導や光起電力が現れたりすることです。励起された電子は光電子と呼ばれます。

受変電設備の安全管理

受変電設備の定期点検では、設備全体を停電しなければなりません。

停電操作

自家発電設備や蓄電池など、停電中の点検や照明用の電源を準備します。

電力会社の自家用引込線専用分岐開閉器を開閉して停電を行う場合は、電力会社に依頼して行います。構内の高圧開閉器の操作は、保護具を着用して行い、必ず声を出して確認します。開閉器を開放した後は、検電器で残留電位の確認を行います。開放した開閉器類には、「作業中・投入禁止」などの注意札を取り付けます。

変圧器

変圧器には油入変圧器とモールド変圧器があります。

(1) 油入変圧器

油温のチェックを行い、異常のないことを確認します。日頃から外気温と油温の正常値を記録しておくことが大切です。

油量のチェックでは、油温と油面の関係表から異常のないことを確認します。油面が低い場合は油漏れの点検を行います。異常音・振動のチェック、さびや塗装の状態などの外観もチェックします。絶縁油は、空気と接触させないように注意します。

(2) モールド変圧器

運転温度のチェックでは、過去の記録を目安に異常のないことを確認します。ファンの故障やフィルターの目詰まりもチェックします。

異常音や振動、異臭のチェックを行います。

コイルや鉄心、碍子などに付着したゴミは、絶縁強度を低下させる原因になるので、圧縮エアを吹きつけて取り除きます。締付部分の点検や絶縁抵抗値の測定も行います。

計器用変成器は、小形で価格が安いため軽視されがちですが、事故原因となる割合が高いため、点検を忘れないようにします。ターミナルの接続、温度、ヒューズの状態などをチェックします。

保護継電器

保護継電器は、電気設備に短絡、地絡、過負荷などの事故が発生した場合に、遮断器と連動して瞬時に事故部分を切り離し、他の経路を保護するものです。これにより波及事故を防止します。

保護継電器の点検では、過電流継電器と遮断器の連動試験、地絡継電器と遮断器の連動試験を行います。

避雷器

避雷器の点検では、碍子の汚損や亀裂などの点検、接地線の点検、絶縁抵抗試験、接地抵抗試験を行います。

高圧受電設備と配電設備の点検・更新時期

	機器の名称	普通点検(年)	精密実施(年)	診断実施(年)	更新推奨時期(年)
高圧受電設備	スイッチギア	1	6	15	20
	断路器	3	6	15	20
	油入遮断器(OCB)	3	6	15	20
	磁気遮断器(MBB)	3	6	15	20
	真空遮断器(VCB)	3	6	15	20
	ガス遮断器(GCB)	3	6	15	20
	モールド計器用変成器	3	6	15	20
	避雷器	2	—	15	20
	油入変圧器	3	6	15	20
配電設備	スイッチギア コントロールギア	1	6	15	20
	断路器 遮断器 計器用変成器	3	6	15	20
	負荷開閉器	3	6	15	20
	電磁接触器	3	6	12	15
	限流ヒューズ	1	—	8	10(屋外) 15(屋内)
	電力用コンデンサ	1	3	15	20
	油入変圧器	3	6	15	20
	乾式変圧器	3	6	15	20
	モールド変圧器	3	6	15	20

((社)東北電気管理技術者協会資料より)

Part1 電気設備の種類と法律

Part2 電気工事と配線

Part3 電気設備

Part4 照明設備

Part5 電気通信設備

Part6 エレベーターとエスカレーター

Part7 電気設備の安全とメンテナンス

用語 解説	**「受変電設備のトラブル」**：受変電設備のトラブルには、①風雨に関するもの、②雪に関するもの、③雷に関するもの、④小動物の侵入に関するもの、⑤騒音・振動に関するもの、⑥経年劣化に関するものなどがあります。

配線設備の安全管理

配線関係では、電線・ケーブルの過熱、異臭、変色、被覆の損傷、接続部の状態、配管の破損、配線支持材の破損・変形などをチェックします。

配電盤、分電盤などでは、変形、過熱、異臭、雨水侵入、開閉器・遮断器の端子の接続状態などをチェックします。

配線用遮断器

配線用遮断器は、ノーヒューズブレーカーとも呼ばれます。過負荷や短絡の際に、自動的に回路を遮断します。

配線用遮断器の寿命は、頻繁な開閉、過電流による遮断動作など使用条件によって大きく左右されます。また、長期間使用することによる絶縁性能の劣化、機構の損耗や潤滑油切れによる開閉操作障害、動作特性の変化、接触抵抗の増加なども生じます。

その他にも温度や遮断器自身の発熱による絶縁物の変形、端子などのねじのゆるみなどもあります。これらが相互に影響しあって、故障につながります。

配線用遮断器の点検は定期点検の他、短絡電流を遮断したときや異常動作したときに臨時点検を行います。

接触抵抗値の測定は、短絡電流を遮断したときだけでなく、長期間操作していない場合にも行います。接点が汚れている場合は、サンドペーパーまたはヤスリで研磨清掃します。

漏電遮断器

漏電遮断器にはテストボタンがついており、動作確認ができる構造になっています。テストボタン試験を月に1回程度行います。感度電流試験と動作時間試験は年に1回行います。

(1) 感度電流試験

漏電遮断器に電流を通して、この電流を徐々に増加させ、遮断器が動作したときの電流値を測定する試験です。感度電流値が、定格感度電流の50%以上100%以下で、遮断器が動作すれば良好と判断します。

(2) 動作時間試験

定格感度電流を急に加えたときの動作時間を測定する試験です。漏電遮断器には高速形と時延形があり、それぞれ、0.1秒以下、0.1秒を超え2秒以内であれば良好と判断します。

電磁開閉器

電磁開閉器は、電磁石の動作によって電路を開閉する電磁接触器と、過負荷により回路を遮断するサーマルリレーなどを組み合わせた開閉器です。

点検では、ネジのゆるみ、ゴミほこりや油の付着、接点の荒れなどの異常、可動部の引っかかり、振動などがないことを確認します。接点に異常がある場合は、ヤスリなどで削らずに取り替えます。

感度電流試験

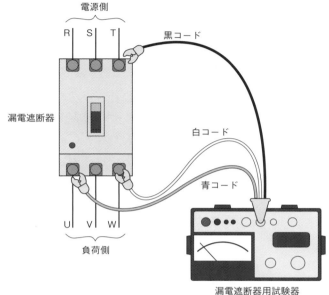

電源側

R S T

黒コード

漏電遮断器

白コード

青コード

U V W

負荷側

漏電遮断器用試験器

試験手順

①漏電遮断器を開放
②入力電圧切換スイッチを回路電圧と同じにする
③漏電遮断器用試験器の各スイッチを感度電流測定相応のレンジに合わせる
④コードを接続し、漏電遮断器を投入
⑤遮断器のスイッチをOnにし、電流調整器で試験電流を増加していく

定格感度電流の50%以上100%以下で動作すれば良好

動作時間試験

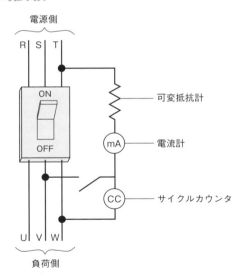

電源側

R S T

ON

OFF

可変抵抗計

mA 電流計

CC サイクルカウンタ

U V W

負荷側

試験手順

①コードを接続し、スイッチをOn
②サイクルカウンタで動作時間を測定

高速形…0.1秒以下
時延形…0.1秒を超え、2秒以内であれば良好

用語解説

「サーマルリレー」：サーマルリレーは、回転機の温度が設定値以上になったときに動作するものです。異常電流の発生などによる発熱を検出して作動し、電磁接触器を動作させて電路を遮断します。サーマルリレー自体には主回路遮断機能はないため、電磁接触器と組み合わせて使います。

Part1 電気設備の種類と法律

Part2 電気工事と配線

Part3 電気設備

Part4 照明設備

Part5 電気通信設備

Part6 エレベーターとエスカレーター

Part7 電気設備の安全とメンテナンス

非常用電源設備の維持管理

非常用電源設備が使用されるのは、停電によるパニック状態の場合もあります。いつでも確実に作動して、電力を供給できる状態でなければなりません。そのために日頃から適切な維持管理が必要です。

非常用発電設備の点検

原動機では、燃料油、燃焼ガス、冷却水、潤滑油などの漏れがないことを確認します。

発電機では、潤滑油量と接地線接続部の点検を行います。

制御装置では、配電盤の外観、操作スイッチ、計器類、表示灯、遮断器、開閉器の点検を行います。

始動用蓄電池では、電槽、端子、充電装置の点検を行います。

配管については、外観や各部での漏れ、バルブの点検を行います。

発電機室については、外観、水の侵入、換気などの点検を行います。

非常用発電設備の保守運転

長期間停止したままの状態だと、トラブルが生じやすくなります。このため、短期間ごとの試運転を行うことが重要です。

(1) 始動

発電機室内に設備されたすべての機器について、目視により正常であることを確認します。その後、始動スイッチを投入して発電装置を運転します。

(2) 運転中の点検

電圧計、周波数計などの計器類の指示が適正であることを確認します。回転速度、温度、圧力などの指示値が適正であることを確認します。配管などからの油漏れ、水漏れ、ガス漏れがないことを確認します。そして、各部の異常振動、異音、異臭、過熱などがないことを確認します。

(3) 自動始動

停電の信号により自動始動を行い、所定の電圧が発電されるまでの時間が、所定の時間であることを確認します。

非常用発電設備で軽油などを使用する場合は、危険物取扱者の資格が必要です。また、非常用発電設備を非常電源として使用する場合は、消防設備士の資格が必要になります。

蓄電池設備の点検

蓄電池は自己放電するため、まったく使用しなくても容量を消耗します。化学反応で電気を蓄積するものですから、点検・整備では、酸やアルカリの処理が必要になります。また、水素ガスなどの発生もありますから、火気や換気などに十分注意することが必要です。

蓄電池の点検では、外観、電解液、電圧、充電状態のチェックを行います。電解液は、液面点検を行い、不足の場合は補水します。比重が低い場合は希硫酸を補給して調整します。

Part1 電気設備の種類と法律
Part2 電気工事と配線
Part3 電気設備
Part4 照明設備
Part5 電気通信設備
Part6 エレベーターとエスカレーター
Part7 電気設備の安全とメンテナンス

関係法令による非常用発電設備の点検基準

	対象物	点検内容	点検				
			監修	点検者	期間	報告	基準
電気事業法	すべて	日常点検 月例点検 定期点検 精密点検	選任された電気主任技術者	関係者	保安規定による	—	保安規定
建築基準法	特定行政庁が指定するもの	外観点検 機能点検等		建築士又は建築設備検査資格者	特定行政庁が定める期間（概ね6カ月から1年に1回）	特定行政庁が定める期間（概ね6カ月から1年に1回）	建築設備定期検査業務基準（建築指導課監修）
消防法	特定防火対象物で1,000m²以上のもの	作動試験 外観点検 機能点検 総合点検		消防設備点検資格者	6カ月点検（作動試験）（外観点検）（機能点検）及び1年（総合点検）	1年に1回 特定防火対象物	点検報告（告示）点検要領（通達）
	防火対象物で消防長又は消防署長が指定するもの			（第一種自家発電設備専門技術者資格を併せ有するもの）		3年に1回（防火対象物）	
	上記以外の防火対象物			関係者			

用語解説　「サルフェーション」：鉛蓄電池は放電しきると、負極板表面に硫酸鉛の硬い結晶が発生しやすくなります。この現象をサルフェーションと呼びます。負極板の海綿状鉛は、サルフェーションによってすき間が埋まり、表面積が低下して十分な充放電が行えなくなります。

照明設備の安全管理

照度低下の要因

快適な照明の条件としては、①照明の目的に合った明るさの分布であること、②対象物と周辺との輝度の差が少ないこと、③まぶしさがないこと、④適当な明暗があること、⑤光源の色が適切であること、などがあります。

照明設備の保全では、照度の低下を防ぐことが大切です。6カ月程度で照度測定を行います。

照度が低下する要因は、①ランプの寿命、②ランプの汚れ、③照明器具の汚れ、④室内の汚れ、の四つがあります。

ランプの寿命と交換

蛍光灯は、明るさが90%程度になると口金近くのガラスが黒くなり、寿命を知らせます。

ランプの交換方式には、①個別交換方式、②集団交換方式、③個別集団交換方式、があります。

(1) 個別交換方式

個々のランプの寿命に合わせて交換していきます。ランプの交換頻度が高く、照度分布にむらができます。小規模の照明設備に適しています。

(2) 集団交換方式

計画した交換時期かまたは全ランプの3〜5%が寿命になったときに、すべてのランプを一斉に交換します。頻繁にランプの交換を行うことが困難な

設備に適しています。

(3) 個別集団交換方式

寿命となったランプはその都度交換し、適当な時期にすべてのランプを一斉に交換する方式です。照度のむらも少なく、交換を計画的に行うことができます。大規模なビルでは一般的な方法です。

照明器具の清掃

ランプや照明器具は、ほこりや油汚れが付着することで、光の透過や反射率が低下して照度が低下します。定期的な清掃を行うことが大切です。

照明器具の清掃では、下記の点に注意します。

①電源をOffにしてランプや照明器具を取り外します。高所での作業になるので足場の安全対策を行います。

②洗剤やクリーナーなどを付けた布で、汚れを拭き取った後、水拭きを行います。

照明設備からの発熱

照明設備の点検では、器具の破損、変形、接触不良、過熱、異臭、異音などのチェックを行います。

一般的なランプは、点灯すると発熱します。照明器具の発熱が発散されなかったり、安定器などの過熱があったりすると、火災の原因になることもあります。可燃物との接触などがないように注意します。

照明器具の安全管理項目 （例）

1	使用期間が１０年以上（１５年以上）である
2	累積点灯時間が 40,000 時間以上である
3	器具の周辺温度が高い
4	器具から焦げ臭いにおいがする
5	器具に、発煙・油漏れなどの形跡がある
6	樋付け部に振動を生じている
7	使用場所に湿気が多い
8	ランプ・グロースタータを交換しても正常に点灯しない
9	ランプ・グロースタータを交換してもチラツキがある
10	ランプ・グロースタータを交換しても点灯までに時間が長くかかる
11	ランプ・グロースタータを交換しても他のランプより極端に暗い
12	同時期に交換しても、他のランプより極端に早く黒化、点灯しなくなる
13	本体、反射板に極端な汚れや変色がある
14	カバー・パネル類にひび割れや変形がある
15	塗装面にさびやふくれがある
16	器具の電線にひび割れや芯線の露出がある
17	器具内部にほこりの付着や堆積がある
18	電線の接続部が接触不良となっている
19	器具にガタツキやゆるみ、変形がある
20	可動部分の動きがスムーズでない

照明器具の点検・交換時期の目安

通常使用時期	点検・交換時期	要交換
～8 年、～10 年	8～15 年、10～15 年	15 年～

照明器具の耐用限度は 15 年なので、使用 10 年から 15 年の間に交換する

用語解説
「**蛍光ランプの寿命**」：蛍光ランプの寿命は、一般的に点灯時間の他、周囲温度、点滅頻度、電源電圧の変動に影響されます。蛍光ランプは始動時の電極に、定格の2倍近い電流が流れることと、高圧がかかり電極に塗布してある電子放射物質が消耗することから、始動時にいちばん負担がかかります。

Part1 電気設備の種類と法律
Part2 電気工事と配線
Part3 電気設備
Part4 照明設備
Part5 電気通信設備
Part6 エレベーターとエスカレーター
Part7 電気設備の安全とメンテナンス

中央監視設備

中央監視設備では、ビル内の電力や照明、空調、衛生、防災などの設備を監視して制御を行い、快適性や安全性の向上、運用コストの低減を行います。

中央監視設備の仕組み

ビルや施設では、設備の運転や故障を監視・記録します。このような施設管理の各種機能を集約したものが中央監視設備です。以前は大がかりな装置でしたが、最近では、サーバーやパソコンで操作を行います。

中央監視設備の幹線は、光ファイバーケーブルやLANケーブルを用います。動力制御盤、空調制御盤や自動制御盤などにインターフェース統合用装置を設置して、中央監視装置で操作できるようにします。照明制御や受変電設備、空調設備、防災設備のメーカーは異なることが一般的なので、統合するためのインターフェースが必要です。

設備の監視だけでなく、電力や水道の使用量を計量してエネルギー管理を行うことも、中央監視設備の重要な機能です。

中央監視設備に各設備を組み込むと、制御設備数が多くなりすぎます。いくつかの設備をグループごとにまとめて管理し、何が故障したかの詳細は、現場で確認するように計画します。設備が多く配置されていたり、現場が遠かったりする場合は、復旧に時間がかかるため注意が必要です。

中央監視設備の運転

一般的に、中央監視設備で施設の電気機器類を監視する場合は、モニタに表示された画面を管理します。警報が発生した場合には、強制的に関連画面に移行させたり、注意表示を画面上にポップアップさせたりします。

モニタ上の異常警報管理だけでは不足する場合には、アナンシェータと呼ばれる集合表示灯を設置します。中央監視設備に異常が発生した場合、ランプが点灯して音声信号を発し、注意を促します。

中央監視設備までの配線の中継点には、リモートステーション（RS盤）を設置し、末端の設備機器と中央監視設備を接続します。中央監視室から末端の設備機器を接続すると効率が悪いため、リモートステーションを配置してデータを集約します。これにより、配線本数を削減して施工の合理化を図ることもできます。リモートステーションと電気機器は1対1の関係で、中央監視設備とリモートステーションの間は、光ファイバーやUTPケーブルによる多重伝送となります。

停電時や火災時にも、中央監視設備は適切な制御ができなければなりません。火災時は、空調換気に関わる諸設備を停止制御し、消火設備や警報設備が適正に動作するようにします。

中央監視設備の構成例

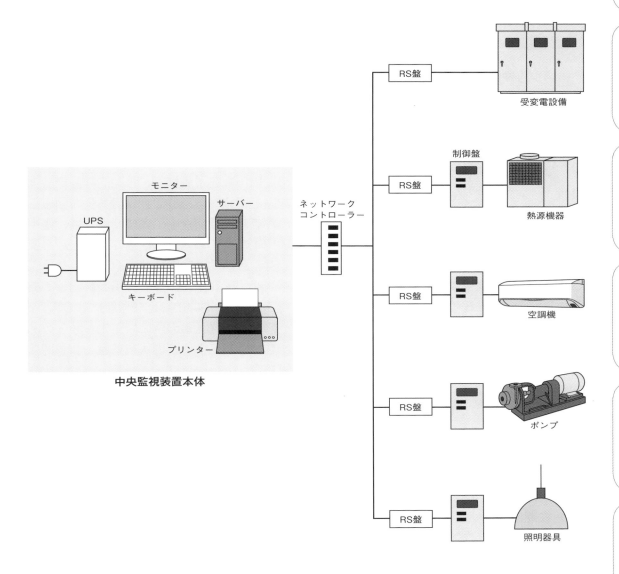

Part1 電気設備の種類と法律

Part2 電気工事と配線

Part3 電気設備

Part4 照明設備

Part5 電気通信設備

Part6 エレベーターとエスカレーター

Part7 電気設備の安全とメンテナンス

RS盤

受変電設備

制御盤

RS盤

熱源機器

ネットワーク
コントローラー

RS盤

空調機

モニター

サーバー

UPS

RS盤

ポンプ

キーボード

プリンター

RS盤

照明器具

中央監視装置本体

用語 解説	「中央管理室と防災センター」：中央管理室は、施設を管理するための部屋で、建築基準法で規定されています。防災センターは消防法で規定されています。

リニューアル工事

建物・設備は、完成直後から劣化が始まります。初期の性能・機能を良好に保ち、利用客に快適で安全な場を提供するためには、日常点検、定期点検、修繕などの維持管理が重要です。

リニューアルの必要性

設備機器は、経年劣化により機能が低下します。機能が維持できていたとしても、社会環境の変化や技術革新により、相対的に陳腐化していきます。設備機器の寿命は、建物の寿命よりも短いことが一般的です。

リニューアルの要因には下記のものがあげられます。

(1) 社会的劣化
　①現行の法規との不適合
　　法令の改正、新法制定など
　②新しい機能の要求
　　安全性の向上、高齢者対応、情報化、省エネなど
(2) 物理的劣化
　①性能の低下
　　信頼性、安全性の低下
　②負荷の増大
　　修理限界、処理能力低下
(3) 経済的劣化
　①効率の低下
　　エネルギー費用、メンテナンス費用の増加

建築設備の物理的耐用年数は、部品の補修・交換を行っても費用対効果の面から、性能の回復が困難である時期をいいます。

工事と事前計画

電気設備の耐用年数は部位や設備により異なり、さらに使用状態や周辺環境、保守管理の品質によっても差異が生じます。この耐用年数を予測して、長期的な修繕計画を立て実施することで、長寿命化を図ることができます。建物の完成時点では、使用期間中の長期修繕計画を立てることが必要です。設備ごとの修繕・更新一覧表から周期や費用を算出します。費用を算出しておくことで、長期の予算化が可能になります。

修繕や改修工事の前には劣化診断を行います。診断によって現状を把握し、適切な維持管理を行います。

リニューアル工事は、空き室状態で行う場合と居ながら工事を行う場合があります。居ながら工事の場合は、特に安全管理、工程管理、防犯、防災に注意をする必要があります。

修繕履歴の記録

修繕履歴の記録は、適切に管理することが大切です。次期の修繕時期や費用などが予測でき、その結果、施設を常に快適な状態に保つことができます。

これからは、建物の新築計画時点で、将来のリニューアルを考慮した設備計画を行う必要があります。建物の構造や機器の代替スペース、搬出経路などにより、リニューアル工事は大きく影響をうけます。

Part1 電気設備の種類と法律

Part2 電気工事と配線

Part3 電気設備

Part4 照明設備

Part5 電気通信設備

Part6 エレベーターとエスカレーター

Part7 電気設備の安全とメンテナンス

長期修繕計画のイメージ

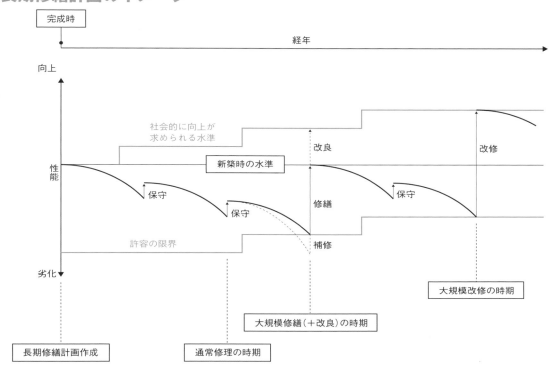

保守：不具合を最小限直すこと
補修：劣化を実用上支障がない状態まで回復させること
修繕：劣化した部分を初期の状態まで回復させること
改良：機能・性能を初期の状態を上回って改善すること
改修：劣化した機能を初期の状態を上回って改善すること

用語解説 「ライフサイクルコスト（LCC）」：一般的に、建物の初期建設費用と建物の保全費、運用費、修繕更新費、一般管理費、解体処分費など、建物の一生涯に必要な費用を合わせたものをライフサイクルコストといいます。商業施設では、初期建設費用に対し、保全費や運用費の割合が大きくなっています。

索　引

参考文献

『電気設備が一番わかる』　五十嵐博一著

技術評論社

『電気設備工事実務入門』　鹿島事哉編

オーム社

『絵とき 電気設備工事技術百科』　鳥原 大編

オーム社

『絵ときでわかる 電気設備』　髙橋 寛監修／梅木一良・藤田岩夫・礒﨑憲史・竹前泰治・芳田直樹著

オーム社

『よくわかる最新照明の基本と仕組み』　松下進著

秀和システム

『イラストでわかる建築電気設備のメンテナンス』　中井多喜雄・木村芳子著

学芸出版社

『建築の電気設備』　建築の電気設備編集委員会編著

彰国社

『建築携帯ブック 設備工事［第3版］』　現場施工応援する会編

井上書院

「照明設計資料」

パナソニック

執筆者

阿部　守

九州工業大学大学院修了。大手メーカーを経て、
ＭＡＢコンサルティング代表
構造設計一級建築士、中小企業診断士

いちばんよくわかる　電気・通信設備 （でんき つうしんせつび）〔第2版〕

2012年4月1日　初　版　第1刷発行
2024年4月1日　第2版　第1刷発行

編 著 者	Ｔ Ａ Ｃ 株 式 会 社	
	（建築設備研究会）	
発 行 者	多　　田　　敏　　男	
発 行 所	Ｔ Ａ Ｃ 株式会社　出版事業部	
	（ＴＡＣ出版）	

〒101-8383
東京都千代田区神田三崎町3-2-18
電話　03 (5276) 9492 (営業)
FAX　03 (5276) 9674
https://shuppan.tac-school.co.jp

組 版	ジ ー グ レ イ プ 株式会社
印 刷	株式会社　ワ　コ　ー
製 本	株式会社　常　川　製　本

©TAC 2024　Printed in Japan　　　　　ISBN 978-4-300-11165-9
N.D.C. 533

TAC出版 書籍のご案内

TAC出版では、資格の学校TAC各講座の定評ある執筆陣による資格試験の参考書をはじめ、資格取得者の開業法や仕事術、実務書、ビジネス書、一般書などを発行しています！

TAC出版の書籍

*一部書籍は、早稲田経営出版のブランドにて刊行しております。

資格・検定試験の受験対策書籍

- ✪日商簿記検定
- ✪建設業経理士
- ✪全経簿記上級
- ✪税 理 士
- ✪公認会計士
- ✪社会保険労務士
- ✪中小企業診断士
- ✪証券アナリスト

- ✪ファイナンシャルプランナー(FP)
- ✪証券外務員
- ✪貸金業務取扱主任者
- ✪不動産鑑定士
- ✪宅地建物取引士
- ✪賃貸不動産経営管理士
- ✪マンション管理士
- ✪管理業務主任者

- ✪司法書士
- ✪行政書士
- ✪司法試験
- ✪弁理士
- ✪公務員試験(大卒程度・高卒者)
- ✪情報処理試験
- ✪介護福祉士
- ✪ケアマネジャー
- ✪社会福祉士　ほか

実務書・ビジネス書

- ✪会計実務、税法、税務、経理
- ✪総務、労務、人事
- ✪ビジネススキル、マナー、就職、自己啓発
- ✪資格取得者の開業法、仕事術、営業術
- ✪翻訳ビジネス書

一般書・エンタメ書

- ✪ファッション
- ✪エッセイ、レシピ
- ✪スポーツ
- ✪旅行ガイド (おとな旅プレミアム/ハルカナ)
- ✪翻訳小説

書籍の正誤に関するご確認とお問合せについて

書籍の記載内容に誤りではないかと思われる箇所がございましたら、以下の手順にてご確認とお問合せをしてくださいますよう、お願い申し上げます。

なお、正誤のお問合せ以外の**書籍内容に関する解説および受験指導などは、一切行っておりません。**
そのようなお問合せにつきましては、お答えいたしかねますので、あらかじめご了承ください。

1 「Cyber Book Store」にて正誤表を確認する

TAC出版書籍販売サイト「Cyber Book Store」の
トップページ内「正誤表」コーナーにて、正誤表をご確認ください。

CYBER TAC出版書籍販売サイト
BOOK STORE

URL：https://bookstore.tac-school.co.jp/

2 ①の正誤表がない、あるいは正誤表に該当箇所の記載がない
⇒ 下記①、②のどちらかの方法で文書にて問合せをする

★ご注意ください★

お電話でのお問合せは、お受けいたしません。
①、②のどちらの方法でも、お問合せの際には、「お名前」とともに、
「対象の書籍名（○級・第○回対策も含む）およびその版数（第○版・○○年度版など）」
「お問合せ該当箇所の頁数と行数」
「誤りと思われる記載」
「正しいとお考えになる記載とその根拠」
を明記してください。
なお、回答までに１週間前後を要する場合もございます。あらかじめご了承ください。

① ウェブページ「Cyber Book Store」内の「お問合せフォーム」より問合せをする

【お問合せフォームアドレス】

https://bookstore.tac-school.co.jp/inquiry/

② メールにより問合せをする

【メール宛先　TAC出版】

syuppan-h@tac-school.co.jp

※土日祝日はお問合せ対応をおこなっておりません。
※正誤のお問合せ対応は、該当書籍の改訂版刊行月末日までといたします。

乱丁・落丁による交換は、該当書籍の改訂版刊行月末日までといたします。なお、書籍の在庫状況等により、お受けできない場合もございます。
また、各種本試験の実施の延期、中止を理由とした本書の返品はお受けいたしません。返金もいたしかねますので、あらかじめご了承くださいますようお願い申し上げます。

（2022年7月現在）